AF428652

Coleção Literatura Brasileira

TOMÁS ANTÔNIO GONZAGA

1. MARÍLIA DE DIRCEU

MACHADO DE ASSIS

1. RESSURREIÇÃO ◆ 2. A MÃO E A LUVA ◆ 3. HELENA ◆ 4. IAIÁ GARCIA ◆ 5. MEMÓRIAS PÓSTUMAS DE BRÁS CUBAS ◆ 6. QUINCAS BORBA ◆ 7. DOM CASMURRO ◆ 8. ESAÚ E JACÓ ◆ 9. MEMORIAL DE AIRES ◆ 10. CONTOS FLUMINENSES ◆ 11. HISTÓRIAS DA MEIA NOITE ◆ 12. PAPÉIS AVULSOS ◆ 13. HISTÓRIAS SEM DATA ◆ 14. VÁRIAS HISTÓRIAS ◆ 15. PÁGINAS RECOLHIDAS ◆ 16. RELÍQUIAS DE CASA VELHA ◆ 17. CASA VELHA ◆ 18. POESIA COMPLETA ◆ 19. TEATRO.

LIMA BARRETO

1. RECORDAÇÕES DO ESCRIVÃO ISAÍAS CAMINHA ◆ 2. TRISTE FIM DE POLICARPO QUARESMA ◆ 3. NUMA E A NINFA ◆ 4. VIDA E MORTE DE M. J. GONZAGA DE SÁ ◆ 5. CLARA DOS ANJOS ◆ 6. HISTÓRIAS E SONHOS ◆ 7. CONTOS REUNIDOS.

JOSÉ DE ALENCAR

1. GUARANI (1857) ◆ 2. A VIUVINHA (1860) - CINCO MINUTOS (1856) ◆ 3. LUCÍOLA (1860) ◆ 4. IRACEMA (1854) ◆ 5. ALFARRÁBIOS ◆ 6. UBIRAJARA (1874) ◆ 7. SENHORA (1875) ◆ 8 . ENCARNAÇÃO (1893).

MANUEL ANTÔNIO DE ALMEIDA

1. MEMÓRIAS DE UM SARGENTO DE MILÍCIAS

EDUARDO FRIEIRO

1. O CLUBE DOS GRAFÔMANOS ◆ 2. O MAMELUCO BOAVENTURA ◆ 3. BASILEU ◆ 4. O BRASILEIRO NÃO É TRISTE ◆ 5. A ILUSÃO LITERÁRIA ◆ 6. O CABO DAS TORMENTAS ◆ 7. LETRAS MINEIRAS ◆ 8. COMO ERA GONZAGA? ◆ 9. OS LIVROS NOSSOS AMIGOS ◆ 10. PÁGINAS DE CRÍTICA ◆ 11 O DIABO NA LIVRARIA DO CÔNEGO ◆ 12. O ALEGRE ARCIPRESTES ◆ 13. O ROMANCISTA AVELINO FÓSCOLO ◆ 14. FEIJÃO, ANGU E COUVE ◆ 15. TORRE DE PAPEL ◆ 16. O ELMO DE MAMBRINO ◆ 17. NOVO DIÁRIO.

BERNARDO GUIMARÃES

1. A MINA MISTERIOSA ◆ 2. A INSURREIÇÃO ◆ 3. O BANDIDO DO RIO DAS MORTES ◆ 4. A ESCRAVA ISAURA.

MÁRIO DE ANDRADE

1. OBRA IMATURA ◆ 2. POESIAS COMPLETAS ◆ 3. AMAR, VERBO INTRANSITIVO ◆ 4. MACUNAÍMA ◆ 5. OS CONTOS DE BELAZARTE ◆ 6. ENSAIO SOBRE A MÚSICA BRASILEIRA ◆ 7. MÚSICA, DOCE MÚSICA ◆ 8. PEQUENA HISTÓRIA DA MÚSICA ◆ 9. NAMOROS COM A MEDICINA ◆ 10. ASPECTOS DA LITERATURA BRASILEIRA ◆ 11. ASPECTOS DA MÚSICA BRASILEIRA ◆ 12. ASPECTOS DAS ARTES PLÁSTICAS NO BRASIL ◆ 13. MÚSICA DE FEITIÇARIA NO BRASIL ◆ 14. O BAILE DAS QUATRO ARTES ◆ 15. OS FILHOS DA CANDINHA ◆ 16. PADRE JESUÍNO DO MONTE CARMELO ◆ 17. CONTOS NOVOS ◆ 18. DANÇAS DRAMÁTICAS DO BRASIL ◆ 19. MODINHAS IMPERIAIS ◆ 20. O TURISTA APRENDIZ ◆ 21. O EMPALHADOR DE PASSARINHO ◆ 22. OS COCOS ◆ 23. AS MELODIAS DO BOI E OUTRAS PEÇAS ◆ 24. TÁXI E CRÔNICAS NO DIÁRIO NACIONAL ◆ 25. O BANQUETE.

ENCARNAÇÃO

Coleção Literatura Brasileira

Diretor editorial
Henrique Teles

Produção editorial
Eliana S. Nogueira

Arte gráfica
Ludmila Duarte

Revisão
Mariângela Belo da Paixão

EDITORA GARNIER
Belo Horizonte
Rua São Geraldo, 53/67 - Floresta - Cep.: 30150-070 - Tel.: (31) 3212-4600
e-mail: vilaricaeditora@uol.com.br

JOSÉ DE ALENCAR

ENCARNAÇÃO

GARNIER
desde 1844

Dados Internacionais de Catalogação na Publicação (CIP) de acordo com ISBD

A368e   Alencar, José de 1829-1877.
         Encarnação / José de Alencar . — Belo Horizonte, MG : Garnier, 2021.
         106 p. il ; 14cm x 21 cm.

              ISBN 978-85-7175-150-7

              1. Literatura brasileira. 2. Romance. I Título.

                              CDD 869.89923
                              CDU 821.134(81)-31

         Índice para catálogo sistemático:
         1. Literatura brasileira : Romance 869.89923
         2. Literatura brasileira: Romance 821.134.3(81)-31

Sumário

A fascinante miragem
de uma paixão romântica

Ruth Silviano Brandão

Último dos "romances urbanos" de José de Alencar, *Encarnação*[1] é pouco conhecido do público leitor, principalmente levando-se em conta romances como *Senhora e Lucíola*, já tomados clássicos, tendo os dois, inclusive, sido adaptados para o cinema. Entretanto, esse estranho texto, de uma densidade psicológica extraordinária, por seus jogos metafóricos, sua fascinante narrativa, seu tom quase fantástico, pode ser lido como um instigante estudo sobre o olhar, sobre os reflexos em espelho, as imagens fantasmagóricas e sobre os processos imaginários do amor narcísico.

Os vários "perfis de mulher" compõem os romances urbanos de Alencar, a saber: *Cinco minutos* (1857), Lucíola (1862), *Diva* (1864), *A pata da gazela* (1870), *Sonhos d'ouro* (1872), *Senhora* (1875) e Encarnação, último trabalho do autor, escrito no ano de sua morte (1877) e divulgado em 1893, em edição póstuma.

As personagens femininas de Alencar propõem-se, inicialmente, como retratos emoldurados pela marca da firmeza, da inteligência e do espírito crítico. Entretanto, à medida que a narrativa se desenvolve, revelam-se como duplos da personagem masculina e confirmação de seu desejo.

Muito se tem escrito hoje sobre a mulher enquanto construção do olhar masculino, sobre a paixão como encarceramento dual, sobre os processos especulares do amor, sobre a escrita e os discursos da paixão erótica, sempre sustentada pelo fio que leva à morte e ao indiferenciado do erotismo, que busca o contínuo e a fusão dos amantes, procurando fazer um de dois.

---

1. ALENCAR, José de. *Encarnação*. In: *.Ficção completa e outros escritos*. Rio de Janeiro, Aguilar, 1965. 3v. v. 1 citações referem-se a essa edição e serão feitas pela sigla *E* e pelo número da página, entre parênteses).

Sem nenhuma intenção de fazer um estudo de fontes e influências, nem pesquisar as leituras de Alencar — o que se pode conseguir lendo seus próprios romances, ou seu *Como e porque sou romancista*, além de estudos críticos variados — podemos abordar *Encarnação* sob o viés da intertextualidade, dentro de uma rede ficcional que o associaria a outros textos românticos da literatura universal. Dentre eles, destacamos *O homem da areia*[2] (1817) de Ernst Theodor W. Hoffmann ou *Os contos de terror, mistério e morte*[3] de E. A. Poe, publicados entre os anos 30 e 40 do séc. XIX, principalmente aqueles que têm como tema uma personagem feminina, como *Berenice, Morela, Ligeia, Eleonora* e *O retrato oval*. Acrescentamos, também, narrativas míticas como a história de Narciso e Eco ou de Pigmaleão e Galateia.

Nesses textos, há sempre uma figura que se constrói como objeto de amor, concretizado ou na boneca Olímpia de *O homem da areia* ou na estátua animada de Pigmaleão, criada segundo um ideal masculino de perfeição e beleza.

De autômatos e simulacros

Sabemos que a heroína de *Encarnação*, Amália, é descrita, inicialmente, como uma bela jovem solteira que critica o amor, os valores sociais e o destino reservado à mulher no casamento. Entretanto, acaba interessando-se, através do dr. Teixeira, um médico amigo, pelo vizinho Carlos ou Hermano, viúvo, há bastante tempo, de Julieta. Hermano mantém pela mulher morta um amor inalterado e uma absoluta fidelidade, a ponto de ser visto em diálogos imaginários com ela.

Contra a opinião de Amália, que se espanta diante de tal comportamento, o dr. Teixeira depõe em favor da absoluta sanidade mental de Hermano. O mesmo dr. Teixeira refere-se ainda a uma viagem à Europa feita com o amigo, com o objetivo de fazê-lo curar-se de seu intenso sofrimento provocado pela perda de Julieta. Nessa viagem, Hermano se interessa por um quadro que lhe lembra a figura de sua mulher, tornando-se assim menos infeliz. Dessa viagem, também, ele traz dois enormes caixotes que serão introduzidos em sua casa, necessitando-se para isto que se arrombe uma parede.

2. HOFFMANN, E. T, A. *O castelo mal-assombrado*. Trad. Ary Quintella. São Paulo, Global, 1985.
3. POE, Alan. *Ficção completa, poesia e ensaios*. Trad. Oscar Mendes e Milton Amado. Rio de Janeiro, Nova Aguilar, 1981.

10

Mais tarde, já casada com o viúvo, Amália descobre que esses caixotes continham duas estátuas de cera que funcionam para ele como duplos ou réplicas de sua primeira mulher. A casa onde moram também tem espaços e objetos intocados e intocáveis de Julieta, exatamente como se ela continuasse viva e presente.

Diante da impossibilidade do marido de amá-la, devido à lembrança obsessiva da amada morta, Amália vai, aos poucos e tonando-se cada vez mais semelhante a ela. Depois de uma tentativa de suicídio, quando provoca um incêndio na própria casa, Hermano acaba por ver e amar sua atual mulher, já quase idêntica à primeira. Mais tarde, o casal finalmente capaz de viver totalmente o amor, tem uma filha que se chamará Julieta.

Segundo nossa leitura de *O homem da areia*[4], Olímpia, boneca autômato, construída para mimetizar de forma perfeita a mulher, torna-se objeto de amor de Natanael, seu delirante apaixonado. Aliás, Spalanzani, construtor de Olímpia, não quis fazer uma boneca, mas uma verdadeira mulher. Não se trata de uma metáfora ou uma estátua feminina, mas de algo que quer se passar por uma mulher real, capaz de seduzir, de ser amada, configurando-se Olímpia, então, como um autômato, um robô, ancestral dos replicantes e dos simulacros, *clones* da contemporaneidade e da produção pós-moderna.

Olímpia (ou a Copélia do *ballet* que conta sua história) é amada por sua passividade, assentimento absoluto aos sonhos de amor de Natanael, coincidência cabal com seus anseios de realização pessoal, preenchendo assim suas faltas, suas carências.

Interessante que em *Encarnação* há cenas extraordinariamente semelhante ao conto de Hoffmann, como a presença das estátuas femininas, réplicas de Julieta, funcionando como fetiches, recusa do vazio e da morte.

Se as estátuas de cera reduplicam Julieta, Amália acaba por identificar-se a elas, no seu inabalável intento de ser o objeto de amor do marido e é essa "incompreensível encarnação" que a narrativa acaba por legitimar e justificar como um "amor cheio de abnegação" e "uma resolução amorosa". Na lógica da enunciação do romance, Amália, fazendo parte de uma cadeia de mulheres idealizadas, transformando

---

4. Esse estudo sobre *O homem da areia*, como outros relativos a *Encarnação* encontram-se em dois outros ensaios: A incompreensível encarnação In: BRANCO, Lúcia Castello e BRANDÃO, Ruth Silviano. *A mulher escrita*. Rio de Janeiro, Casa-Maria, 1984 e BRANDÃO, Ruth Silviano. *Mulher ao pé da letra* (Prêmio Cidade Belo Horizonte, 1989). Belo Horizonte, Ed. UFMG (no prelo).

seu próprio corpo em réplica, desfazendo-se de tudo o que lhe é próprio, ascende à categoria do sublime e do heroico. A condição, entretanto, de se chegar a essas categorias é a transformação de seu corpo real em corpo imaginário, esculpindo em si mesmas as formas alucinadas de um objeto perdido. Enfim, o trajeto do desejo passa mesmo pelos territórios do *Outro*, o desejar tem sua própria lógica e isso Alencar revela de forma surpreendente, sobretudo se esse trajeto se faz pelos caminhos da loucura e da alienação, como são mesmos os abismos da paixão na sua radicalidade.

Se a Olímpia de *O homem da areia* é fabricada como autômato, Amália de *Encarnação* se torna autômato, simulacro, nesse romance onde proliferam as cópias, as cópias de cópias, duplas e dúbias, instaurando a ambiguidade, construindo incessantemente a ilusão, num jogo delirante onde se perdem os limites entre a ficção e a realidade.

Assim, Amália, "mulher dúplice", conforme o narrador, reproduzindo Julieta, reproduz também as estátuas de cera que lembram Olímpia, fetiche que recusa a falta, preenchendo-a de forma perversa, instaurando a dúvida entre a mulher e sua representação, entre a metáfora e o objeto metaforizado, entre a verdade e o engano. Nessa cadeia, difícil é distinguir a realidade do delírio, a vida da ficção, temas sempre retomados pelas diversas formas do fantástico na literatura.

A aventura do olhar e o teatro do desejo

Se, em *O Homem da areia*, há todo um jogo de olhares (e lembre-se que Freud[5] estuda esse conto relacionando-o com o temor de perder os olhos, congruente com o temor da castração), em *Encarnação*, também, os olhares se exibem e se furtam, a questão do ver e não ver é, não só temática, como estruturante de narrativa.

O olhar sustenta a ficção em *O homem da areia* e aqui, Amália, como Natanael, cria sua ficção e faz dela sua vida. Uma história acompanhada através das frestas da janela vizinha, ao entreabrir-se de suas rótulas, alimenta uma curiosidade, nascida na infância, sobre algo secreto que ocorre no aposento de um casal. Essa curiosidade acorda a menina e a moça Amália, que quer se aproximar das janelas, "para estar mais

---

5. FREUD, S. 'O estranho'. In: *Edição Standard das obras psicológicas completas de Sigmund Freud*. Trad. Jayme Salomão. Rio de Janeiro, Imago, 1976. v. 17.

perto, para ter uma esperança vaga e ilusória de ver aquilo que fugia do olhar" (E. p. 869). O "medo de ver" e "a tentação de olhar" (E. p. 875) perseguem Amália, marcando sua vida e constituindo-a como sujeito de sua história.

Ver e ser vista é se reconhecer como mulher e, assim, Amália busca o olhar de Hermano, mesmo que o preço seja o seu travestimento nessa mulher, Julieta, que um dia a fascinou e no lugar de quem ela desejaria estar. Para ela, sua metamorfose em Julieta seria o aprendizado de uma feminilidade, cujo modelo ela busca.

A sedução que Amália exerce sobre Hermano só se realiza através de sua própria anulação e de um jogo de ilusão ótica que faz coincidir sua imagem com a de Julieta, como nas fantasmagorias do século XIX, predecessoras da magia do cinema e de todas as representações visuais de que este nosso final de século é herdeiro. Há em *Encarnação* uma cena antológica pelo seu caráter de visibilidade, de produção de uma ilusão imagética quase cinematográfica:

> A luz da vela dava de chapa sobre a fotografia. Hermano olhou e viu pela primeira vez o retrato. Reconheceu o vulto, a atitude, o gesto, as roupas, as joias, e uns matizes indefiníveis que só ele talvez percebesse. Era Julieta; mas através da sombra de Julieta, ao longe, como uma estrela imersa no azul, surgia a imagem luminosa de Amália. (E. p. 907).

Jogo de superposição de imagem, essa cena faz coincidir duas faces — de Julieta e Amália — atingindo a perfeição do duplo na sua identidade, fazendo de dois *um*, concretizando visualmente a mesmidade do objeto de desejo, a ilusão de sua existência, nostalgia de unidade que Georges Bataille[6] localiza no erotismo, na sua busca incessante da fusão dos pares amorosos.

Essa cena realiza o desejo do duplo perfeito, unificando a dualidade que marca toda a narrativa, na casa dupla de Hermano, no seu nome próprio também duplo — Hermano e Carlos —, nas mulheres duplas, nas repetições, nas cenas que se repetem no passado e no presente.

Esse aspecto visual da narrativa permite-nos falar de uma estrutura teatral, fácil de verificar, se observarmos como se constroem os

---

6. BATAILLE, G. *O erotismo*, Trad. Jú Bernard da Costa, Lisboa, Moraes, 1980.

cenários e o lugar de onde vem a voz do narrador, travestido em diretor ou condutor de marionetes, mágico e ilusionista. A casa de Hermano é o palco onde se desenrola uma cena. Amália, de sua própria casa, é público e plateia, pois espectadora da peça que se desenrola diante de seu olhar. De plateia passiva, no entanto, ela passa aos poucos a protagonista e diretora do drama. De acordo com Freud, o teatro nasce do tédio, do vazio. Ora, Amália é que sofre de tédio: cortejada, nenhum pretendente lhe agrada, jovem, questiona o código social e amoroso, com a ironia de adulto desencantado.

Quando se identifica com o teatro imaginário de Hermano, ela age histrionicamente, escolhendo um papel inventado para si mesma e, de certa forma, acreditando nele. Na medida em que se entrega ao seu papel, ela se integra nele, à semelhança do ator enfermo que perde os limites entre ficção e realidade.

Por outro lado, Hermano "representa" sua própria história, para si mesmo e para os outros, como um ator e, através de puros gestos miméticos:

> A moça, disfarçando sua curiosidade, recolheu o airoso busto na penumbra da coluna, para observar o solitário passeador, que se sentara a pequena distância do muro da chácara, em lugar onde ela o via perfeitamente por entre a folhagem.
>
> Impressionada pela narração de Teixeira, examinou a fisionomia, e notou que ela não tinha nesse momento a expressão do homem que está só. O seu olhar não era de contemplação; animava-o o raio do espírito em comunicação com outro espírito: não era o olhar que vê, mas o olhar que fala, que transmite a impressão em vez de recebê-la.
>
> Uma vez Hermano ergue-se; foi até a platibanda, colheu uma flor, um lírio, e tornando a seu lugar conservou-o na mão com o gesto expressivo de quem o mostrasse a outrem sentado à sua direita. (E. p. 860).

Hermano transforma sua casa em palco com vários cenários e bastidores, com cortinas que se fecham e se abrem ou entreabrem, por onde se entreveem sombras e figuras imóveis, mantendo-se fixa a atenção do espectador-leitor, através do olhar de Amália.

Desde que ela canta a ária da *Lucia de Lammermour*, começa a ficar mais claro esse teatro dentro da ficção através da cumplicidade de Amália, quando o real da narrativa reduplica a ficção, num jogo múltiplo de negação da morte e do vazio. Agora, a casa de Amália é o palco para um espectador antes recalcitrante, e, finalmente, seduzido por uma atriz-cantora, que se esconde, deixando-se apenas entrever, aguçando sua curiosidade, reavivando seu próprio teatro interno, acordando seus fantasmas, já que Julieta era quem cantava essa ária. Aliás, esses fantasmas pessoais, semiocultos, sempre aparecem, para representar, paralelamente à peça encenada, uma outra cena, a do teatro do psiquismo, criando-se assim duas cenas superponíveis, duplas, em que uma é mola de interesse da outra, porque nasce do desejo revivido do espectador. Conforme afirma Mannoni[7] , "a máscara não se faz passar por outra coisa que não é, mas tem o poder de evocar as imagens da fantasia". O que Amália usa, de forma cada vez mais perfeita, é a de Julieta, num jogo de disfarces fisionômicos, gestos, roupas, hábitos, penteados, superpondo ao seu, o rosto da morta.

Encarnação é o desejo tornado possível, é o recalcado que retoma sem ser reconhecido como tal. Impossível esquecer-se do mito de Pigmaleão, que cria e dá vida a sua estátua de mulher. Aqui o mito se inverte, pois é Amália que se modela estátua, escultora e escultura, para materializar o desejo de Hermano, esse Pigmaleão às avessas, pois vê sua estátua construir-se e metamorfosear-se em mulher, por si mesma.

Há um intercâmbio de palcos e plateias em *Encarnação*: os lugares variam, alternam-se as posições, mantém-se o jogo do olhar, do ser e da sedução, sob a voz onipotente do narrador-diretor, disfarçado na voz de Amália, "doublé" de cenarista, que manipula efeitos de luz, sombra e fusão, como na cena do incêndio, onde há a superposição total de Amália e Julieta. Aliás, incendiando-se a casa de Hermano, a narrativa purifica-se primeiramente da possessão dos duplos, dos elementos fantasmáticos, para sair da enfermidade e entrar na ordem da sanidade e da vida, com a dissociação *aparente* dos pares.

O leitor é o grande espectador dessa narrativa teatral, em que palcos se multiplicam e se rotatizam. Ele vê Amália que espia Hermano e Julieta e que, de seu quarto, vê as figuras de cera e, assim, como nova Ariadne permite que Hermano saia do centro desse grande labirinto

7. MANNONI, O. A ilusão cômica ou o teatro ponto de vista do imaginário. In: Chaves para o imaginário. Trad. Lígia Maria Pondé Vassalo. Petrópolis, Vozes, 1973.

que é sua casa, em cujo interior está o quarto de Julieta, o espaço da morta. Para o leitor, o teatro do amor é apresentado como amor real, pois o verossímil da narrativa elimina a ambiguidade real/ficcional. O amor de Amália justamente vai-se opor a tudo aquilo que ela própria, anteriormente, julgava cópia, mímica do ficcional na vida real:

> Amália tinha muitas vezes lido em romance uns li-rismos de amor semelhante àquele bafejo da flor, e sabia que nos bailes e na vida real eles eram frequentemente copiados e até exagerados pelos noivos.
> Todo esse formulário poético do namoro ela o achava sumamente ridículo, e sempre que o apanhava em fla-grante, o havia aplaudido com uma risada gostosa, como um lance comédia. (E. p. 861)

Fica abolida, então, a confusão própria do teatro que cria a ilusão, sem que o espectador a ignore como ilusão, entrando, ao contrário, como cúmplice no jogo de disfarces, penetrando assim no interior das convenções teatrais. Apesar de Amália colocar máscaras e disfarces nos seus camarins, é o efeito teatral que a narrativa nega com o incêndio do grande palco que é a casa de Hermano, destruindo o estranho bastidor que é o quarto de Julieta. Assim se verossimilhiza o engodo que é esse amor de conjunção total, de fusão e eliminação das diferenças, de per-petuação do Mesmo, semelhança reduplicada no espelho de Hermano.

A morte como o impossível do amor

O tema do olhar, sua possibilidade ou impossibilidade de ver, con-gruente com tema do vendar/desvendar um enigma realiza-se na própria enunciação do texto, na manutenção de um *suspense* que mantém o leitor atento, como nos romances fantásticos.

Essa técnica nos remete aos contos de Poe, principalmente àqueles que têm uma figura feminina fantástica e fantasmagórica, morta, morta-viva, obsessão da mente do narrador, insistência e permanência da morta depois da morte. Morela, Ligeia, Rowena, Berenice, Eleonora reduplicam-se num jogo alucinante de substituições que apontam para a morte e o feminino percebidos como impossíveis de se represen-tar. Em Poe há, como em *Encarnação*, a tematização da morte que não morre, a morte que sempre volta, o vazio de uma ausência que, paradoxalmente, é mais poderosa que a presença dos vivos. Não sem razão, essas questões coincidem com o mistério que é o feminino para o imaginário masculino.

Nos contos de Poe, a relação amorosa confunde-se com uma relação de aprendizagem e ao feminino cabe o papel tradicionalmente reservado ao masculino: elas são as mestras do saber. Nessa relação, o homem é aquele que aprende, apreende, penetra no feminino, realizando metaforicamente a fusão do mistério do saber e do mistério da natureza do feminino. Em Alencar, a lógica não é outra, apenas é uma lógica inversa, pois é o homem que preenche, enche, penetra a mulher com sua sabedoria, em *Encarnação*; sua moralidade, em *Lucíola*; seu orgulho viril em *Senhora* e seu poder médico, em *Diva*.

Para Hermano, ver Amália era ver Julieta, mais do que objeto de amor, objeto de uma ilusão, já que ele amava "um fantasma, um ente de sua imaginação" (E. p. 900) e manter a primeira esposa imaginariamente viva era manter seu ideal filosófico, sua própria integridade.

Assim, a paixão instala-se nos domínios da morte, na lembrança indelével de amada morta. É seduzida pelo relato do dr. Teixeira sobre essa mulher que Amália, a que vai amar, vê Hermano: é o efeito de uma história contada que vai movê-la e acordar nela outras vozes e outras visões de seu passado de menina, lá onde jaz Julieta viva, a bem-amada morta de Hermano, com quem ela quer se identificar.

O processo de identificação se faz não de forma parcial ou limitada, mas de maneira tão cabal e doentia que Amália acaba se metamorfoseando, assumindo-se como Julieta, a ponto de deixar de ser ela própria. É como se houvesse no romance duas Amália: a do início, antes do amor por Hermano, e a que se segue, inteiramente identificada com a figura rival, despersonalisada pela identificação com o desejo alheio.

Nicolas Abraham e Maria Torok[8] desenvolvem, a partir do artigo de Freud sobre "Luto e melancolia", o conceito de cripta, que pode ser muito interessante para a leitura de *Encarnação*. Podemos pensar essa cripta como uma metáfora da presença do morto restaurado, redivivo,

---

8. ABRAHAM, N. et TOROK, M. Introjeter-incorporer, deuil ou mélancolie. *Nouvelle revue de psychanalyse*. Destins du cannibalisme. Paris, n. 6, p. 111-122, autom. 1972.
_____. L'objet perdu-moi, notations sur l' identification endocryptique. *Revue française de psychanalyse*. Paris, n. 3, p, 409426, 1975.

de tal forma poderoso dentro de Amália, seu duplo tornado perfeito, que esta se apaga para deixar transparecer Julieta. É interessante que esse fantasma pode perseguir não só aquele que sofreu uma perda ou trauma insuportável, mas um outro sujeito, testemunha da perda ou de uma cena da qual ele participou por "procuração", como é o caso da menina Amália, que espionava a vida conjugal dos vizinhos.

Assim, enquanto cripta, ela toma Julieta viva, com seu véu negro, cobrindo os cabelos louros, produzindo, como uma ilusão de ótica, a superposição de duas figuras: "A transformação de Amália já era tão perfeita, que enganava Hermano e até o Abreu, sobretudo quando ela disfarçava com uma renda preta os seus lindos cabelos louros, ou mesmo tingia com algum cosmético" (E. p. 904).

Amália tornada máscara mortuária, tem a expressão facial modelada sob os traços da morte, tornando seu próprio corpo um monumento funerário, em homenagem a Hermano, Cripta é o corpo de Amália, travestida, transformada, reprodutora da morte e da morta que tem seu triunfo no nascimento da nova Julieta que "reproduzia-se como em uma miniatura a beleza da senhora, porém, com certo contraste de fisionomia" (E. p. 910).

Cripta é a casa tumular de Hermano, seu espaço físico tornado monumento a Julieta, são as cadeiras vazias; as estátuas de cera, o retrato, é toda a concretude paradoxal da ausência da morte.

A cena em que as duas estátuas de cera, significativamente reduplicadas, penetram na casa de Hermano, é congruente com o fantasma de Julieta no corpo de Amália, como alguma coisa que entra na outra, penetrando-a, tapando-a. Enfim, toda a narrativa multiplica esses processos de duplicação, de incessante restauração de uma ausência, de permanente conservação de uma figura feminina construída como ideal de amor, de perfeição e de beleza.

Impossível não pensar em Edgar Allan Poe e suas personagens que resistem à morte, que permanecem no palco do texto, no palco psíquico do narrador e do leitor fascinado por jogo fantasmagórico. Alencar, com seu romance, pode ser estudado como um dos grandes autores de romance fantástico do século XIX. Sabemos, inclusive, que seu tema da mulher inesquecível é ancestral de textos como *A sucessora* de Carolina Nabuco ou de *Rebecca* de Daphne du Maurier.

Ecos de uma ária de amor

Amor narcísico, de fusão, de conjunção na morte e pela morte, *Encarnação* remete ao mito de Narciso e Eco, não só pela coincidência

18

especular do objeto de amor, como pela voz de Eco que se perpetua musicalmente, enquanto ela se petrifica de amor.

Sabe-se, pelo mito, que Narciso, incapaz de amar o que não fosse seu próprio reflexo, seu próprio rosto duplicado nas águas de uma fonte, desdenha Eco, a ninfa de voz sonora, por sua diferença, por sua cabal alteridade.

A infelicidade de Narciso reside principalmente em não se reconhecer na própria imagem refletida no enganoso espelho das águas. Imagem que exige perfeita imobilidade para propiciar o duplo perfeito e amado, que pode entretanto se turvar pelo gotejar de lágrimas do olho que a admira e a faz existir.

Hermano, irmão, segundo seu próprio nome sugere, conforme a versão de Pausânias desse mito, a existência de uma irmã gêmea, seu duplo feminino perfeito. Sendo assim, contempla em Julieta sua própria face reduplicada, vendo-se e amando-se nela, sem aí se reconhecer. Nesse caso, não pode haver nenhum movimento que perturbe sua ilusão, ou, então, todo o encanto se desfaria. Sabemos que essa imobilidade se mantém, sustentada por Amália que a perpetua, inclusive, pelo fio musical que sua voz transmite.

Se Eco, antes de se apaixonar por Narciso, já sofria, por castigo de Juno, a maldição de apenas repetir as últimas palavras das frases que ouvia, Amália, também, perde a própria voz para repetir a alheia. Como Eco, ela entra no mundo de Hermano através do olhar do amado, mas é pela voz, pela música que Julieta cantava que, por sua vez aí se instala. Como a ninfa, perde seu corpo original, que se consome e se metamorfoseia em Julieta. Como a primeira, tem na voz o destino que vai transformar sua vida. Enquanto para Eco, a voz é o empecilho para o amor, para Amália vai ser a possibilidade de amar e ser amada. Como Eco, ela tudo faz para ser vista e ouvida e, se a primeira fracassa, a segunda triunfa, passando a cantar as árias da ópera que Julieta cantava. Assim, sua casa se transforma em palco e seu corpo se erige em canto e ato.

Ironicamente, seu primeiro papel é da louca e trágica personagem de *Lucia de Lammermoor*. Cantando a ária da loucura, Amália se faz eco também de Julieta, a primeira que repetiu para Hermano o canto de Lucia.

É importante destacar que é o canto da loucura que ecoa em Amália, na medida em que ela repete justamente a ária que Julieta tinha cantado, quando Hermano a conhecera e amara. O fio musical circula no texto e mediatiza a união amorosa que se realiza através desse código. O amor imaginário, narcísico, é perpassado pela *loucura e pela morte*, percebidas como efeitos do amor e desejadas como prova de sua realidade. Pela repetida enunciação desse tema, o amor narcísico é exaltado na narrativa que valoriza a mulher como réplica do ideal alheio, mesmo que isso se faça num tom de espanto e admiração: "Este romance de Amália, a incompreensível encarnação do delírio de um cérebro enfermo, essa admirável intuição, é que me propus contar; e agora sinto que não o conseguirei" (E. p. 902).

Na trilha de Alencar

Sabemos que José de Alencar foi um defensor apaixonado do romance nacional, sempre interessado por questões teóricas ligadas a ele. Essa preocupação está presente em seus artigos críticos e suas posturas teóricas, o que é fácil verificar em textos como: "O estilo na literatura brasileira", "Cartas sobre a *Confederação dos Tamoios*" ou "Benção paterna".

Em seus ensaios, ele procura valorizar o romance nacional que se destacaria pelas diferenças relativas às produções europeias. Não ignorando ou minimizando o prestígio do centro colonizador, Alencar não se cansa de buscar o que seria característico do nacional, seja pelos temas, pela tradição ou pela especificidade da língua que se fala no Brasil.

Em *Encarnação*, há, curiosamente, a tematização do transplante cultural através da introdução das estátuas de cera, vindas da Europa, na casa de Hermano. Essa introdução se faz pela penetração material dessas figuras estrangeiras, dentro de uma casa brasileira. Além disso, as leituras de Hermano e seu interesse pela ópera registram seu prestígio na sociedade fluminense, que delas também se alimenta. É interessante notar também a função das leituras feitas pelas personagens femininas de seus romances urbanos.

Se em Alencar é aguda a preocupação com a identidade nacional, ele é um homem do seu tempo e não é de um gesto que se faz o deslocamento do centro europeu e nem ignorando-o que se opera esse descentramento.

Referimo-nos, anteriormente, à *Encarnação* como precursora do tema da conservação da imagem de uma mulher morta. Esse tema, dado sua universalidade, não é privilégio da literatura brasileira, mas nela pode ganhar uma singularidade, que se registra em sua enunciação. Sem dúvida, *A Sucessora* de Carolina Nabuco pode-se ler dentro dessa ótica e, como posterior historicamente ao romance de Alencar, já é mais marcado pelas diferenças com que a literatura brasileira busca acentuar sua identidade. Interessante que essa livro de Carolina Nabuco é frequentemente associado à *Rebecca* de Daphne du Maurier, acusado de plagiá-lo. Se essa questão não nos importa agora, já que tratamos dela anteriormente[9], queremos, entretanto, enfatizar a importância de *Encarnação* de Alencar, injustamente tão pouco conhecido pelo leitor brasileiro.

9. BRANDÃO, Ruth Silviano. *Mulher ao pé da letra.* ob. cit.

NOTA DO REVISOR

Renegado, para nova edição, este e os outros livros de Alencar, sigo inteiramente as regras ortográficas adotada pela Academia Brasileira. Não o faço sem ponderação. Vacilei em aplicar às obras do autor um sistema de ortografia que por ventura em seu todo ele não aprovasse e que por outro lado podia aos de hoje parecer um anacronismo. Era porém infundado o receio. José de Alencar não tinha nenhum sistema ortográfico, que os não havia na língua portuguesa; e salvo em algumas particularidades, que mais tarde abandonou, como por ex. a acentuação da preposição a, isolada ou em crase, deixava o cuidado ortográfico aos revisores, dos quais mais de uma vez se queixou por falta de uniformidade a coerência na revisão dos seus trabalhos. Ele próprio, como em geral os autores, era um mau revisor.

Da forma adotada para várias palavras em seus manuscritos se pode inferir a preferência dele pela simplificação da ortografia, e não é ilusório acreditar que, ainda no caso de não concordar em absoluto com a que foi aprovada pela Academia Brasileira, ele a adotaria sem alteração pela vantagem de regularizar o que antes ficava ao critério dos revisores.

Da incúria destes, nem sempre idôneos, se ressente o próprio texto das obras de Alencar, nas quais ainda em vida dele escaparam graves enganos tipográficos, que as seguintes edições conservaram ou pioraram.

Iracema, cap. XI, traz, nas suas sucessivas edições, estas palavras proferidas pelo velho Andira, cheio de sanha contra Irapuam:

"— O morcego vem te chupar o sangue, Irapuam, si é que tens sangue e não lama nas veias, etc."

Ora a nota explicativa que vem no fim do livro, diz:

"Se é que tens sangue e não MEL — Alusão que faz o velho Andira ao nome de Iracema, o qual, como se disse, significa mel redondo." Este simples engano: lama por mel!

Ao Tronco do Ypê sucederam coisas equivalentes. Entre outras, está truncada uma frase, por deslocação de uma linha do clichê tipográfico de uma página para a outra, o revisor da 2ª edição, sem atinar com o fato, entendeu que devia consertar o sentido, não levando em conta o que faltou na primeira e ajustando como pôde o excesso da seguinte. O resultado foi isto:

Em vez de, na pág:

"No ministério do Lopes foi enfim demitido o subdelegado que já se tinha em conta de vitalício. Parece que o homem se atrevera a prender o capanga de um potentado etc." Foi impresso:

"No ministério do Lopes foi enfim demitido o subdelegado que já se tinha em conta de vitalício; PANGA de um potentado etc. " E à pag. seguinte, em vez de:

"Do Frederico sabemos que veio a casar-se com uma prima roceira: e foi a Paris para despicar-se de Adélia".

Foi impresso:

"Do Frederico sabemos que veio a casar-se com uma prima roceira. Parece que o homem foi a Paris etc."

Pelo que aí fica, imagina-se o que tem sofrido dos revisores a obra de Alencar. Tornava-se pois necessária uma revisão geral dos seus livros.

Acresce que em exemplares que possuo, de alguns dos seus romance escritos, deixou o autor, a lápis ou a tinta, modificações e emendas que ia fazendo em leituras não seguidas e de acaso; mas de onde parece que era realmente intuito dele rever toda a sua obra para uma edição definitiva. E assim ele deu a entender no prefácio de Os sonhos de ouro:

"E agora, livrinho, só resta escrever-te o FACIEBAT que os escultores antigos costumavam gravar no soco das estátuas, ao contrário de Archelon que lhe substituiu o pretencioso FECIT.

"Aquele remate, se neles foi modéstia, para mim é uma confissão. As páginas que aí andam com o meu nome, já o disse uma vez, e o repito, nada mais são do que provas tipográficas a corrigir para a tiragem."

A morte levando Alencar aos 48 anos, não lhe permitiu realizar o seu pensamento. Tal porém como ele a deixou, há de viver a sua obra e não há recear que o tempo lhe diminua o valor, o qual é grande e raro, não obstante o que se lhe possa notar, em algum livro ou alguma página, de composição menos cuidada.

Eu a admiro e prezo como das maiores entre as da literatura brasileira, e procuro guardá-la com o carinho e o zelo com que guardaria a minha própria, se valesse tanto.

Rio de Janeiro, junho de 1908.

MARIO DE ALENCAR.

ENCARNAÇÃO

I

Conheci outrora uma família que morava em São Clemente. Havia em sua casa agradáveis reuniões de que fazia os encantos uma filha, bonita moça de dezoito anos, corada como a aurora e loura como o sol.

Amália seduzia especialmente pela graça radiante e pela viçosa e ingênua alegria que manava nos lábios vermelhos como dos olhos de topázio, e lhe rorejava a lúcida beleza.

Sua risada argentina era a mais cintilante das volatas que ressoavam entre os rumores festivos da casa, onde à noite o piano trinava sob os dedos ágeis da melhor discípula do Amaud.

Acontecia-lhe chorar algumas vezes por causa de um vestido que a modista não lhe fizera a gosto, ou de um baile muito desejado que se transferia; mas essas lágrimas efêmeras que saltavam em bagas dos grandes olhos luminosos, iam nas covinhas da boca transformar-se em cascatas de risos frescos e melodiosos.

Tinha razão de folgar.

Era o carinho dos pais e a predileta de quantos a conheciam. Muitos dos mais distintos moços da corte a adoravam.

Ela, porém, preferia a isenção de menina, e não pensava em escolher um dentre tantos apaixonados, que a cercavam.

Os pais, que desejavam muito vê-la casada e feliz, sentiam quando ela recusava algum partido vantajoso.

Mas reconheciam ao mesmo tempo que formosa, rica e prendada como era, a filha tinha o direito de ser exigente; e confiavam no futuro.

Outra e bem diversa era a causa da indiferença da moça.

Amália não acreditava no amor. A paixão para ela só existia no romance.

Os enlevos de duas almas a viverem uma da outra não passavam de arroubos de poesia, que davam em comédia quando os queriam transportar para o mundo real.

Tinha sobre o casamento ideias mui positivas.

Considerava o estado conjugal uma simples partilha de vida, de bens, de prazeres e trabalhos.

Estes, não os queria; os mais, ela os possuia e gozava, mesmo solteira, no seio de sua família.

Era feliz; não compreendia, portanto, a vantagem de ligar-se para sempre a um estranho, no qual podia encontrar um insípido companheiro, se não fosse um tirano doméstico.

Estes pensamentos, Amália não os enunciava, nem os erigia em opiniões. Eram apenas os impulsos íntimos de sua vontade; obedecendo a eles, não tinha a menor pretensão à excentricidade.

Ao contrário, como sabia do desejo dos pais, aceitava de boa mente a corte de seus admiradores. Mas estes bem percebiam que para a travessa e risonha vestal dos salões, o amor não era mais do que um divertimento de sociedade semelhante à dança ou à música.

Conservando a sua independência de filha querida e moça da moda, Amália não nutria prejuízos contra o casamento, que aliás aceitava como uma solução natural para o outono da mulher.

Ela bem sabia, que depois de haver gozado da mocidade, no fim de sua esplêndida primavera, teria de pagar o tributo à sociedade, e como as outras escolher um marido, fazer-se dona de casa, e rever nos filhos a sua beleza desvanecida.

Ate lá, porém, era e queria ser flor. Das suas lições de botânica lhe ficara bem viva esta recordação, que o fruto só desponta quando as pétalas começam a fanar-se; se vem antes disso, eiva.

Esta moça pertencia a uma variedade de mulher, que se pode bem classificar como o gênero rosa. São elegâncias que só florescem bem no clima ardente do baile, ao sol do gás. A luz é a alma de sua formosura. Na sombra desfalecem e murcham.

Amália vivia no salão; só o deixava para repousar. Seu dia era a noite com os lustres por astros. Quando em toda a cidade não havia divertimento algum que a atraisse, ela passava a noite em casa; mas com o seu piano, o seu contentamento e a sua graça improvisava uma festa.

A volubilidade desse gênio não era, como alguns supunham, efeito de uma alma fria, indiferente e egoísta. Enganavam-se aqueles que viam na filha do Sr. Veiga uma dessas moças embotadas pela vida precoce da sala.

Ao contrário, ou pela severa educação que recebera, ou por tardio desenvolvimento, Amália conservara-se criança além do período natural da infância. Aos dezessete anos ainda se lembrava de suas lindas bonecas, bem guardadas em uma cômoda, onde as conservava como recordação da meninice; e mais de uma vez aconteceu-lhe no dia seguinte a um baile representar ao vivo com essas figuras de cera e cetim as quadrilhas que dançara.

Quando o coração menino dessa moça elegante e espirituosa pulsou pela primeira vez, já tinha ouvido tantas vezes declarações e protestos ardentes, que não passavam para ela de uma linguagem polida e lisonjeira, adotada na sociedade.

Gabar-lhe a beleza, ou elogiar-lhe o vestido, era a mesma fineza. Quando um dos seus apaixonados animou-se o primeiro a dizer-lhe com a voz trêmula que a amava, ela o ouviu calma, sem a menor emoção, como se lhe falassem de música ou de pintura. O que lhe causou alguma surpresa foi o esforço e turbação do cavalheiro ao proferir aquelas palavras.

Entretanto, quem observasse a vida íntima dessa moça conheceria o fundo de sensibilidade e ternura que havia sob aquela aparência frívola e risonha. Não só tinha amor extremoso à família e dedicação pelas amigas, mas em certos momentos, como se a afogasse uma exuberância do coração, cobria a mãe de carinhos.

Alguma vez, nas horas de repouso, quando a imaginação vagueia pelo azul, ela fazia também como todas as moças o seu romance; com a diferença, porém, que o das outras era esperança de futuro ardente aspiração d'alma; enquanto o seu não passava de sonho fugace, ou simples devaneio do espírito.

Um traço singular destas cismas é que elas faziam contraste ao modo habitual da moca, ao seu gênio. Essa natureza alegre e expansiva, esse coração incrédulo e desdenhoso, quando fantasiava os seus idílios, reservava sempre para si a melancolia, a abnegação e o obscuro martírio de uma paixão infeliz.

Seria um pressentimento? Creio eu que não era senão uma antítese natural da imaginação com o espírito. É muito frequente encontrarem-se caracteres joviais que têm o sentimento elegíaco, e, ao contrário, misantropos com uma veia cômica inexaurível.

II

Na chácara contígua à do Sr. Veiga, pelo lado esquerdo, morava um desses homens que o povo designa com o nome de esquisitos.

Os amigos o chamavam Carlos; os estranhos tratavam-no por Sr. Hermano; ele, porém, costumava assinar-se H. de Aguiar.

Para merecer do vulgo a qualificação de esquisito, basta às vezes sair da trilha batida; mas o Sr. Hermano tinha com efeito hábitos e ações que excitavam o reparo e lhe davam certo cunho de originalidade.

Não se lhe conhecia profissão; sabia-se entretanto que era abastado, pois além da chácara de sua residência, possuía apólices e prédios na cidade.

Sua casa vivia constantemente fechada na frente, e tinha o aspecto de uma morada em vacância pela ausência do dono. Quem olhava pela grade do portão, sempre trancado, não descobria outro indício de habitação a não ser o fumo da chaminé.

Todavia nas raras vezes em que soava a grossa campa da entrada, aparecia logo um velho criado, todo vestido de preto, que introduzia a visita com uma cortesia respeitosa, mas fria e taciturna.

O dono da casa costumava ir à cidade três vezes na semana, para tratar de seus negócios, ou talvez para não se isolar totalmente do mundo de que já vivia tão apartado. Também saía de passeio, a pé ou a cavalo pelos arrabaldes.

Certas ocasiões mostrava-se afável, polido, atencioso e expansivo, retribuindo os cumprimentos que recebia, e dirigindo-os às pessoas de seu conhecimento. Era então um modelo do homem de boa sociedade e fina educação.

Outros dias estava de tal modo concentrado que passava pelas ruas como um incógnito; não falava a ninguém; não fazia caso das pessoas de maior consideração e a quem acatava. Se algum amigo vinha-lhe ao encontro, recebia-o sem parar com a mascara muda e impassível da abstração, e logo o despachava com um aperto de mão automático.

Estas alternativas sucediam-se por fases; duravam semanas e meses. A fisionomia denunciava logo a conjunção desse espírito com o mundo. Havia nele, como em todos nós, dois homens, o íntimo e o social; a diferença é que nele as duas faces revezavam-se, enquanto que nos outros elas de ordinário são fixas e formam o direito e o avesso do indivíduo.

Ainda mesmo nos seus dias de misantropia o semblante do Sr. Hermano era tão modesto e sereno que ninguém via na sua desatenção orgulho ou falta de civilidade.

Atribuíam estas desigualdades de caráter ao gênio e não se ofendiam com elas. Em geral os vizinhos e conhecidos o saudavam sempre cordialmente, embora ele passasse sem olhá-los.

Do que poucos sabiam, e só alguns amigos se lembravam, era da primeira mocidade de Hermano, quando ele passava por um dos mais brilhantes cavalheiros dos salões fluminenses. Sua graça natural, o primor de suas maneiras, e as seduções do seu espírito, o distinguiam entre todos como um tipo de elegância.

Eram os arrebóis dessa esplêndida mocidade que ele ainda mostrava nos seus momentos de expansão, quando desprendia-se da constante preocupação.

Um dia, no meio de seus triunfos, quando a sua estrela mais brilhava, correu a noticia de que Hermano estava para casar-se, o que não devia surpreender em sua idade. Foi, porém, geral a admiração quando se soube que D. Julieta, a moça por quem se apaixonara a ponto de sacrificar-lhe a liberdade, não era rica nem bonita.

Ninguém esperava que ele, nas condições de pretender as filhas dos primeiros capitalistas e de escolher entre as mais aristocráticas belezas da Corte, fizesse um casamento tão desvantajoso.

D. Julieta não frequentava a alta sociedade; mas algumas pessoas da creme a tinham encontrado por vezes em partidas familiares; e essas compreenderam a repentina paixão que ela tinha inspirado ao noivo.

Como estátua a moça cra um esboço imperfeito, ainda mesmo com as correções que aplica o molde de um traje elegante, ou a feliz disposição dos enfeites.

Imagine-se que um cinzel inspirado idealizava esse esboço e dava às linhas do perfil a harmonia que lhes negara a natureza. Tal seria, não o retrato de Julieta, mas o tipo que sua pessoa refletia na imaginação do artista a quem servisse de modelo.

Havia em seu olhar, em sua voz, em seus movimentos, inflexões maviosas, mas de tão vivo relevo que se esculpiam como se tomassem corpo. Depois de apagar-se o gesto, sentia-se ainda a sua doce impressão no vulto a que animara.

O espírito fino, meigo e gentil de Julieta não tinha expansões brilhantes. Era modesto, e às vezes tímido. Entretanto o que ela dizia por mais simples que fosse, trazia o calor de uma emoção íntima. Sua palavra exalava os perfumes de uma alma em flor.

Ao seu lado e conversando com ela, um homem de rigor estético poderia esquivar-se ao enlevo que infundia a suprema distinção dessa moça, e notar em suas feições e em seu talhe a ausência da beleza plástica.

Mas apartando-se dela e perdendo-a de vista, raro era o que não levava na fantasia um ideal suave e gracioso, que ofuscava a imagem das mais radiantes formosuras de salão.

O primeiro encontro de Hermano com a noiva explica bem a influência que ela devia exercer em sua vida.

Ao sair do teatro lembrou-se do convite que recebera para uma partida em casa de pessoa de sua amizade, a quem devia atenções. Dirigiu-se para lá, com a intenção apenas de fazer ato de presença.

Quando entrou no saguão, cantava uma senhora a ária da Lucia de Lammermoor. A voz, que não era extensa, comoveu-o. Parou para escutar; e viu desenhar-se em seu espírito a imagem esbelta e vaporosa da virgem que o amor enlouquecera.

Terminado o canto, subiu. Havia na sala muitas senhoras algumas de seu conhecimento, outras que via pela primeira vez. Notou entre estas uma moça alva, de cabelos negros; era Julieta. Sem que lho dissessem, por uma rápida intuição adivinhou que fora ela a intérprete inspirada da música de Donizetti.

Teve pois uma decepção. Ele imaginara sempre uma Lucia loura como a filha das nevoentas montanhas da Escócia; e vinha achar a sua cópia em um tipo tão oposto.

Hermano demorou-se mais do que tencionara; ficou até o fim da partida. Por mais de uma vez aproximou-se de Julieta e conversou com ela. Quando se recolheu, cantava mentalmente o Bell'anima, que ouvira executado por Mirati; e pensava que talvez Lucia apesar de escocesa, tivesse cabelos pretos como a Maria Stuart de Walter Scott.

Julieta era filha de um coronel reformado de nosso exército, que servira por algum tempo em Goiás Na sua primeira expedição para aquela província acompanhou-o a mulher apesar de estar mui próxima a dar à luz. A menina nascera em viagem.

Uma escrava que o oficial trazia, fatigada das jornadas, mal podia acudir a senhora.

Foi pois o furriel Abreu que serviu de ama-seca à menina, e tal amizade tomou-lhe que não quis mais separar-se dela. Completando o tempo de serviço obteve baixa e ficou em companhia do oficial agregado.

Hermano frequentou a casa do Coronel Soares. Pouco mais de mês depois do seu primeiro encontro com Julieta manifestou-lhe os seus sentimentos, que aliás já eram conhecidos da moça, e pediu-lhe um consentimento, que tinha razão de esperar.

Ela ficou um momento pensativa; depois disse com o tom grave de uma convicção profunda.

— O casamento é uma fatalidade.

Como Hermano interrogava-lhe o semblante para conhecer o sentido de suas palavras, ela acrescentou:

— Meu marido há de pertencer-me de corpo e alma, como eu a ele, e para sempre. É assim que entendo o casamento.

— Penso da mesma maneira.

— Para sempre é eternamente.

— Compreendi todo o seu pensamento, Julieta. e não imagina o meu júbilo por encontrar tão perfeita identidade de sentimentos na mulher a quem amo. Sempre acreditei que o casamento não deve ser uma simples união social, mas a formação da alma criadora e mãe, da alma perfeita, de que nós não somos senão as parcelas esparsas. Essa alma uma vez formada, só Deus a pode dividir e mutilar.

O casamento realizou-se pouco tempo depois; e os noivos foram morar na casa de São Clemente, a qual tinha sido preparada com esmero para recebê-los.

Abreu acompanhou sua filha de criação. Ele a tinha recebido em seus braços ao nascer, e contava não deixá-la senão quando Deus o chamasse.

III

Aquela casa de São Clemente foi para os noivos o ninho do amor e da felicidade; mas o ninho perene, sem estações, sem primavera, sem lua de mel.

Essa ardente efusão de duas existências durava desde o primeiro instante, não tinha lapsos nem desmaios.

Hermano aproximava-se dos trinta anos, e vivera muito nesse tempo. Julieta aos vinte anos não conhecia o mundo; e seu coração virgem era um manancial de ternura.

Que diálogo inefável entre aquela inteligência pródiga e essa inocência ávida de saber, rica de afeto?.

O passado de Hermano, desde a primeira infância até o casamento, Julieta queria vivê-lo, dia por dia, hora por hora, se fosse possível, para amar seu marido em cada um desses momentos anteriores a ela.

O presente não lhe bastava, nem o futuro. Carecia de remontar-se à origem dessa existência que lhe pertencia, para soldá-la ainda mais intimamente a si, de modo que não lhe fosse possível marcar a época de sua união. Então o casamento teria sido apenas a consagração social do vínculo de duas almas gêmeas.

Por seu lado Hermano sentia também a necessidade de vazar no coração ingênuo e casto da esposa, como em um crisol, os seus pensamentos, as ideias de que a sociedade o imbuíra, e assim apurar sua consciência naquela chama celeste.

Sua individualidade, escoimando-se da liga mundana, apagando os traços de uma mocidade fácil, identificava-se de mais em mais com o espírito puro e imaculado da moça e embebia-se nele como o raio do sol que se infunde na seiva da árvore e gera a flor.

Hermano e sua mulher frequentavam a sociedade onde os chamavam suas relações. Iam, porém, aos divertimentos unicamente para se desobrigarem de um dever de cortesia e posição; ou talvez para certificarem-se de que nada faltava à sua felicidade.

Depois de uma ou duas horas passadas no teatro ou nos salões, recolhiam-se pressurosos à sua casa e ao seu amor.

Duas vezes por mês reuniam as famílias de sua amizade. Essas longas noites, em que se deviam a seus convidados, eram uma ausência, uma separação para eles. Tinham o mundo entre si.

Que saudades não sentiam um do outro nesses momentos; e com que anelos encontravam-se de novo na sua querida solidão?.

Amália era então uma criança de nove anos. No dia do casamento tinha vindo do colégio passar o domingo com a família. À noite vira a chácara vizinha iluminada e os noivos que chegavam com grande acompanhamento de carros.

Reparando na elegância e garbo do par que subia as escadas de pedra alcatifadas de fino tapete, a menina pensou no dia de seu casamento; e desejou que seu noivo fosse tão lindo como aquele.

Nos outros domingos que passava em casa, quando chegava à janela, via os noivos sempre juntos passeando no jardim, ou sentados em um banco à sombra dos bambus.

Um dia ardeu-lhe a curiosidade de espiar os aposentos da noiva. O fundo da chácara dava para a montanha; e o declive fora cortado em socalco com terraços que se sucediam em degraus.

De uma dessas elevações dominava-se a casa vizinha especialmente a asa do edifício, que ficava fronteira, a duas braças apenas de distância.

Foi daí que Amália, aproveitando uma ocasião em que as janelas estavam abertas, viu o quarto de dormir e o toucador da noiva, ambos preparados com luxo e primor.

No toucador, sentada junto a uma mesa de charão Julieta procurava numa caixinha de joias uns botões para os seus punhos de cambraia. O marido entrou. Em pé, por detrás da cadeira, colheu nas mãos o rosto da moça e cobriu-o de beijos.

A travessa que os espiava, disparou a rir, Julieta corou e quis afastar-se; porém Hermano a reteve e beijou-a de novo tranquilamente, como para afrontar a malícia da menina com a castidade de sua carícia.

Pouco tempo depois desta cena, o Sr. Veiga mudou-se para o Andaraí, por causa da perda de sua sogra, e alugou a casa de São Clemente, para onde D. Felícia não quis voltar depois do golpe que ali sofrera.

A existência dos dois noivos continuou sem alteração; sua felicidade tornou-se com o tempo mais serena e por isso mesmo mais intensa.

Afinal apareceu uma ligeira nuvem naquele céu aberto. Estavam casados havia mais de três anos, e não tinham filho. Começavam a sentir essa falta; era o primeiro desejo não satisfeito.

Engolfados no misticismo do amor, tão grato às imaginações vivas, eles consolavam-se com uma teoria psicológica um tanto abstrata, mas original e encantadora.

Hermano dissera uma vez à mulher:

— Um filho é uma porção de nós que se destaca para formar outro eu. Nós, Julieta, nos queremos exclusivamente, e nos possuímos com tanta ânsia, que nenhum quer perder do outro a menor parcela, ainda mesmo reproduzir o nosso ser.

A mulher aplaudia esta explicação que ela primeiro balbuciara sem poder exprimi-la; e o egoísmo cheio de enlevos desse amor inexaurível substituía para o feliz casal o outro penhor que a sorte lhes negara.

Todo esse encanto, a asa negra do infortúnio o apagou em um momento. Hermano perdeu a mulher; e a perdeu justamente quando sua união ia ser abençoada com um filho.

Um aborto levou Julieta. Suas últimas palavras ao marido foram estas que ela proferiu antes de perder o conhecimento:

— Minha alma não podia separar-se da tua, Hermano.

Desde esse momento o marido caiu em um letargo profundo que o conservou alheio ao que se passava. Esse estado que se assemelhava à idiotia, durou por muito tempo.

O Dr. Teixeira, amigo de infância de Hermano, partindo para a Europa a fim de praticar nos hospitais de Paris levou consigo o infeliz viúvo, na esperança de que a viagem o arrancasse àquela estupefação em que o deixara a perda da mulher.

Antes de seis meses Hermano voltou da Europa com Abreu que o acompanhara; foi morar na casa de São Clemente, onde tornou-se o homem que era, quando o encontramos cinco anos mais tarde.

Dias depois de sua chegada deu-se um incidente que não escapou à curiosidade dos ociosos da vizinhança. Pararam no portão duas carroças conduzindo caixotes de tamanho descomunal. O que, porém, mais intrigou os espíritos foi a circunstância de arrombar-se uma parede para introduzir os volumes no interior da casa.

Em cada bairro há um ou mais parlatórios, que são uns moinhos onde se tritura a matéria-prima para o fabrico da opinião pública. Outrora era especialidade das boticas; hoje serve uma loja qualquer. Para aí, para esses pontos, afluem todos os mexericos que os escravos levam às tabernas, e todos os boatos e murmurações que os noveleiros se incumbem de propagar.

Muito se falou dos tais enormes caixões. Na opinião de alguns tinham eles desembarcado na Copacabana e entrado por contrabando na cidade. Outros, admitindo o contrabando, afirmavam que passara pela própria Alfândega. Finalmente, choviam as suposições acerca do arrombamento da parede e da carga misteriosa que se ocultara até dos criados da casa, com exceção do velho Abreu.

O Sr. Veiga voltou a ocupar sua antiga casa. Amália teve muitas ocasiões de ver na alameda da chácara contígua passar o vulto, ainda elegante, mas grave de Hermano.

Não lhe causava, porém, o aspecto daquele homem a menor impressão. A moça, se guardara as recordações da menina não as tinha presentes ao espírito. Olhando a casa outrora tão brilhante e admirada por ela, revendo o feliz noivo agora solitário e abatido, nem sequer notava a diferença dos primeiros tempos.

Sua alegria ainda era um esplendor sem crepúsculos.

IV

Era noite de partida em casa do Sr. Veiga.

Amália ainda não tinha perdido a sua jovialidade, e continuava a ser uma das mais gentis princesas da moda.

Nesse dia vestira-se mais cedo para ensaiar com uma amiga o dueto que tinham de cantar logo mais. Deixava ela o piano, quando entraram na sala ainda erma duas pessoas.

Uma, o Sr. Borges, era íntimo da casa e aparentado com a família. A outra, que Amália não conhecia, foi lhe apresentada em termos de anúncio:

— O Dr. Henrique Teixeira, médico muito distinto, ultimamente chegado da Europa; uma notabilidade oftalmológica.

Borges encontrara o companheiro no portão de Hermano:

— Por aqui doutor?

— Vim jantar com um amigo, e estou à espera de meu tílburi, que mandei voltar às sete horas. Receio que o cocheiro me logre.

—Ah! é amigo do Sr. Hermano?

— Amigo de infância.

Borges convidou o doutor para a partida do parente; e tais e tão repetidas foram as instâncias, que o outro acedeu por fim.

Diversos motivos influíram para aquele convite reiterado. Além do desejo de obsequiar o médico e de arranjar mais um cavalheiro para a dança, Borges fora movido sobretudo pela curiosidade de saber particularidades acerca do excêntrico viúvo.

Depois dos cumprimentos e de algumas ligeiras observações relativas à Europa, Borges dirigiu a conversa para o assunto que mais lhe interessava.

— É verdade que o Hermano está sofrendo da cabeça, doutor?

— Não é exato! acudiu Henrique Teixeira com vivacidade. Tem a razão tão firme e tão lúcida como nunca; e o senhor deve saber que ele mostrou sempre muito tino e bom senso. A prova é que deixando-lhe o pai a livre disposição de sua fortuna, quando não tinha mais de dezessete anos, não só a conservou, como soube aumentá-la, apesar de sua vida elegante.

— Sei perfeitamente; mas tinham-me dito que ele não regula desde que ficou viúvo.

— Com efeito, Carlos sofreu um abalo terrível com esse golpe. A morte de D. Julieta, que ele ainda não esqueceu, nem esquecerá, causou-lhe uma espécie de paralisia moral. Durante dois meses não pronunciou uma palavra; vivia mecanicamente; era um autômato movido por um velho criado, o Abreu, cuja dedicação por ele é a de um pau extremoso.

— Tenho visto este criado; se não me engano é quem governa a casa.

— Estava eu resolvido a passar algum tempo em Paris para dedicar-me aos estudos de minha profissão. Apressei a partida para levar Carlos comigo e distraí-lo . Nem a viagem , nem o turbilhão da vida parisiense produziram o resultado que eu esperei. Continuava indiferente a tudo: nada o interessava; nada prendia-lhe a atenção.

— Então, doutor, sempre houve alguma coisa?

— Sem dúvida, mas não demência. O estado de Carlos era simplesmente uma insensibilidade moral: um desprendimento do mundo, que o tornava impassível ao movimento social. Vivia em si e de si, das recordações que enchiam sua alma. Nunca, porém, eu notei no seu espírito a menor vacilação, e muito menos um desvario. Quanto aos estranhos, viam nele um homem frio, concentrado, de poucas falas, mas de juízo seguro e talento refletido.

— O senhor defende seu amigo com tanto calor que me faz desconfiar da justiça da causa, doutor, disse Amália a sorrir.

— A crítica é espirituosa, minha senhora, e eu já a tinha lido em seus lábios antes que eles a proferissem. Mas eu quero a este amigo, como a um irmão; e dói-me profundamente essa suspeita de loucura, que alguns malévolos se incumbiram de espalhar. Felizmente Carlos restabeleceu-se; aquela impassibilidade que me assustava dissipou-se como por encanto.

— Em Paris? perguntou Borges com ar de dúvida, apenas de leve dissimulado pela cortesia.

— Em Paris, numa visita que fizemos ao Louvre. Carlos sempre teve gosto e inclinação para as artes; lembrei-me um dia de mostrar-lhe o museu de pintura e escultura. Deixei-o um instante para falar a alguém que encontrara na sala; quando o procurei fui achá-lo diante de um quadro, creio que a Ester ou a Suzana do Veroneso. Voltou-se; já não era o homem absorto e sombrio que ali entrara: tinha no semblante e em toda a sua pessoa, a expressão afável dos mais belos dias de sua vida. Vi em seu olhar uma interrogação e pensando que ela se referia à tela, improvisei admiração, que não sentia, pois, surpreso e contente daquela transfiguração, eu nenhuma atenção prestava ao quadro. Não obstante prodigalizei elogios ao desenho, ao colorido, à criação do grande pintor. "Não; não é isto!... disse-me ele. Mas tu não podes compreender a beleza que este quadro tem para mim". Eu percebi que ele achara nessa imagem uma reminiscência de sua Julieta.

— Ora, descobriu-se afinal a Fênix dos maridos! exclamou Amália com uma risada expansiva dirigindo-se à amiga. Nenhum poeta até hoje, que eu saiba, animou-se a inventar um Penélope masculino. Estava reservada esta glória ao Dr. Teixeira.

— Antes de mim um poeta, e dos mais ilustres, criou esse no Frei Luís de Sousa, que a senhora talvez não conheça, porque é escrito em nossa língua.

— Até o vi representar, o que deve parecer-lhe ainda mais admirável, depois que os senhores fizeram do Rio de Janeiro um pequeno Paris de bulevar. Mas esse marido que voltou ao cabo de vinte anos de exílio, foi o amor da mulher que o trouxe, ou a lembrança da pátria, a saudade de seu velho Portugal?

— Não se lembra de seu desespero por encontrar a mulher unida a outro? É Uma das cenas mais tocantes.

— Esse amor caduco e de cabelos brancos, pois tinha mais de vinte anos....

— Como o de Penélope, acrescentou Teixeira em nota.

— Esse fóssil conjugal é um monstro ideado por Garrett para complicar a situação das duas metades, que o aparecimento do primeiro marido veio separar. O drama está nessa separação realmente incômoda, para quem não gosta de sair de seus hábitos. Assim o romeiro bem longe de ser o herói, não passa de um pretexto, de um incidente de um motivo. Faz aí o mesmo oficio de pai cruel que não deixa a filha casar-se democraticamente com qualquer cidadão da rua.

A chegada de uma senhora a quem Amália foi receber, cortou a réplica do doutor, que ria da malícia da moça.

— Mas então o Hermano desde aquela visita do Louvre restabeleceu-se? perguntou o Borges, que via a conversa apartar-se do tema.

— Completamente. Daí em diante foi outro, ou antes, foi o mesmo homem que todos conheceram na época de seu casamento. Aquele painel tinha operado nele uma verdadeira ressurreição.

Amália que tomara o seu lugar, interrompeu de novo o médico para insinuar uma observação maliciosa.

— Foi o painel, ou alguma estátua?

— Nós estávamos na sala de pinturas, minha senhora.

— Pergunto se não seria alguma estátua viva que operou o milagre da ressurreição. Alguma Madalena que passava?

— Não o conhece!

— Ou talvez o seu amigo seja como certos escultores que compõem a sua estátua, tirando de cada modelo as belezas que ele possui e combinando-as entre si.

O doutor Henrique Teixeira fitou a moça com alguma surpresa. A candura do sorriso que brincava nos lábios faceiros convenceu-o de que Amália não compreendia o alcance das palavras que proferia.

O médico chegava da Europa onde se tinha demorado quatro anos; e não sabia que a invasão do romance realista que nos vem de Paris tem posto em moda certa gíria de cafés e bastidores que algumas senhoras vão repetindo como linguagem de bom-tom sem consciência das enormidades que às vezes escondem tais ditos espirituosos.

O Dr. Teixeira deixou passar a observação da Amália; e, para não acentuá-la com uma pausa, continuou a referir a Borges o episódio da viagem de Hermano.

— Pode acreditar no que lhe digo. Carlos não tem o menor sintoma de perturbação mental. Nesse mesmo dia da nossa visita ao Louvre emancipou-se da minha solicitude e viveu sobre si. Depois que voltou ao Rio de Janeiro entretivemos uma correspondência seguida; e nas suas cartas respirava certo contentamento íntimo e sereno, que eu vim encontrar na sua vida habitual.

— Então é feliz o seu amigo? perguntou Amália.

— Acredito que sim.

— E o senhor afirmou que ele não tinha esquecido a mulher e nem a esqueceria nunca?

— Afirmei, e posso prová-lo, acudiu Henrique Teixeira picado pelo remoque da moça.

— Há de ser difícil.

— Promete-me guardar reserva sobre o que lhe contar?

— Mais do que reserva. Prometo-lhe não acreditar nem uma palavra do seu romance, o que não me impedirá de aplaudi-lo, se for interessante como espero.

Nesse momento a sala enchia-se de convidados; e o piano dava o aviso da primeira quadrilha.

Amália tomando o braço de seu par, separou-se do doutor com esta palavra, confeita em um sorriso:

— Depois.

V

Em meio da partida, quando servia-se o chá, Amália com um aceno do leque indicou a Henrique Teixeira uma cadeira que vagara a seu lado.

— E o nosso folhetim?

— Refleti, D. Amália; o melhor é falarmos de outra coisa.

— Confessa, portanto, que seu amigo é como os outros; mais um exemplar desse compêndio já muito conhecido que se chama marido.

— Não, senhora, não confesso; calo-me. Não devo expor à sua zombaria a vida intima do amigo que mais prezo.

— Esta reflexão, devia tê-la feito em principio, doutor. Depois de haver-me aguçado a curiosidade, está na obrigação de satisfazê-la, e é o mais prudente. porque o seu silêncio compromete o seu amigo.

— Em quê?

— Dá-me o desejo de fazer acerca dele, e acerca dessa vida intima que não pode ser profanada, as mais extravagantes suposições.

— Esta razão me decide.

— A outra devia ter a preferência, por fineza ao menos.

— Qual outra?

— A de não duvidar da minha discrição.

— Perdão; eu a ofenderia se acreditasse nela. Seria suspeitar de seus dezoito anos, e fazer brancos ou grisalhos tão belos cabelos louros.

— Entretanto há pouco pedia reserva aos meus belos cabelos louros, observou Amália com um gesto encantador.

— Sem dúvida. A reserva que eu lhe pedia era a de contar a história tão enfeitada que já não fosse a mesma referida por mim.

— Terei esse cuidado; e até me incumbo de ilustrá-la com retratos. Mas antes de tudo preciso conhecê-la.

— Então quer ouvir?

— E dispenso o prólogo.

— Voltando da Europa, há três meses, passei os primeiros dias em casa de Carlos, que me esperava e foi buscar-me a bordo. Chegamos a São Clemente pela manhã; e depois do banho clássico, nos reunimos em uma sala, que fazia parte dos aposentos da mulher e onde esta mais assistia. Notei então que ele, algumas vezes, distraidamente, voltava-se para o sofá, permanecia por momentos com os olhos fitos na almofada de veludo a que habitualmente se recostada D. Julieta.

— E suspirava naturalmente ou enxugava a furto uma lágrima silenciosa que lhe queimava a face? perguntou Amália com seriedade picante.

— Não; ao contrário, sorria-se.

— Deveras! O seu herói tem um cunho original. Estou me interessando por ele.

— A sala em que nos achávamos, e a presença de Carlos, a quem revia depois de anos de ausência, remontavam o meu pensamento aos primeiros tempos de seu casamento, em que tantas vezes nos reuníamos ali em família, ele, sua mulher e eu. Parecia-me ver ainda o talhe elegante de D. Julieta, que nos escutava, atenta, enlevada na voz do marido, e dando-nos de vez em quando, com uma observação espirituosa, o tema da conversação. E essa evocação entristeceu-me. Entretanto Carlos estava contente; e no seu semblante respirava a satisfação d'alma. Supus que era o prazer da minha volta; mas não podia conciliá-lo com as recordações vivas que se estavam traindo nos seus gestos.

— Essas recordações eram puramente cacoetes de viúvo.

— Vai ver. Pouco depois o Abreu chamou-nos para o almoço. Carlos tomou o seu lugar de costume; eu sentei-me defronte e notei logo que havia um talher em frente à cadeira de honra, outrora ocupada pela dona da casa. Tínhamos pois uma terceira pessoa; talvez alguma velha parenta de Carlos.

— E por que não seria alguma prima moça e bonita, que viesse tentar aquele modelo de constância? Aposto que adivinhei.

— Não adivinhamos, nem a senhora, nem eu. O Abreu serviu-nos e eu a convite do dono da casa almocei com apetite de viajante. Uma coisa me causou reparo.Quando Carlos incumbia-se de trinchar depois de fazer o prato para mim, fazia outro que passava ao Abreu. Este em vez de advertir o amo da sua distração colocava o prato na cabeceira, sobre o terceiro talher intacto, e o meu amigo tirava para si nova porção; depois o criado mudava todos os três talheres.

—Ah, percebo. Um eclipse matinal da estrela.

—Ao jantar reproduziram-se todas estas circunstâncias que referi. A cadeira continuou vazia, sem a menor observação do dono da casa, e o talher de estada foi ainda servido duas ou três vezes. Cresceu porém, a minha surpresa, quando na ocasião de tomarmos café, Carlos continuando a conversa, proferiu o nome da mulher, mas de modo que parecia indicar a sua presença.

Amália deu uma risada.

— Não é romance, então. É um conto fantástico!....

— Estou referindo fatos de vida real. A senhora dar-lhes-a o título que for mais do seu agrado.

— Bem; vamos ao resto. Eu gosto mais deste gênero. Tem sua novidade.

— Como lhe disse passei algum tempo na companhia de Carlos; e do que observei depois, assim como de umas revelações a custo obtidas do Abreu, compreendi o que a princípio me pareceu estranho.

— Ou por outra, compreendeu o incompreensível.

— Para aquele marido, a mulher que ele amou estremecidamente ainda habita a casa, que ela enchia de sua graça e de sua ternura. Ele a sente perto de si, a seu lado, nas horas em que trocavam suas mútuas expansões, e nos lugares que ela preferia.

— É poético e sublime, não pode negar.

— Os aposentos particulares de D. Julieta estão da mesma forma como ela os deixou. Não há ali a menor mudança; os mesmos trastes os mesmos objetos, e cada um como ela os colocara. Ninguém ali penetra senão Carlos e o Abreu. Esse criado velho adorava a menina, que ele trouxe nos braços desde o dia de seu nascimento. Também para ele, a dona da casa ainda vive, e governa o interior.

— Temos, pois, aqui na vizinhança um hospital de doidos! atalhou Amália.

— Não me entendeu.

— Ora, seriamente, doutor, o Sr. comprometeu-se a si e ao seu sexo. Obrigou-se a apresentar um modelo de fidelidade conjugal e só o pôde encontrar como enfermidade. Confesse: a constância de seu amigo é apenas uma mania, e o Sr. não foi sincero quando, há pouco, pretendeu convencer ao Borges.

—Tão sincero como agora. Carlos não tem o menor eclipse na sua razão calma e forte.

— Mas como se chama essa alucinação?

— É uma superstição a que estão sujeitos todos os que vivem pelo espírito.

— Não sabia.

— Só não as têm os materialistas, aqueles para quem Deus é um absurdo, a pátria e a família uma comandita; gente que reduz a inteligência a um pouco de fósforo, e a virtude a uma convenção. Esses vivem fisicamente; são corpos que se transformam. Nós, porém, que nos remontamos à nossa origem divina, todos temos nossas abusões.

— Eu não as tenho.

— Tem, afirmo-lhe. Mas as suas abusões são risonhas e brilhantes; chamam-se esperanças. As suas orações também... Quantas vezes não acreditou a senhora, que Deus, o criador do infinito, comovido por sua prece, alterava as leis do universo para enxugar-lhe uma lágrima, ou dar-lhe um sorriso? O que é isto senão uma superstição?

— Bem diversa da que tem seu amigo.

— A senhora nunca perdeu uma pessoa a quem amasse. Aqueles que já sofreram esse golpe, quando visitam o túmulo que encerra as cinzas do ente querido, acreditaram que ali está alguma coisa deles, a sua sombra, a sua alma quando ali não há senão pó. É o mesmo que acontece a Carlos, com uma diferença: nos outros são os vestígios materiais, é o despojo mortal, que produz aquele efeito; nele é o espírito unicamente. O que ele sente, o que vê, é a alma da mulher.

— Chega a vê-la? disse Amália cuja ironia nada perdoava.

— Com os olhos d'alma. O corpo nada é e nada era para ele. Desde o momento em que D. Julieta morreu, ele a abandonou como um objeto indiferente, e não teve o menor desejo de vê-la. Isto observei eu.

— Em todo caso, doutor, para fazer-lhe a vontade, convenho em que seu amigo será um homem de muito juízo, mas não aqui neste mundo; no da lua talvez.

— Devo dizer-lhe que a princípio também inquietou-me aquele estado; busquei um pretexto para tocar nesse ponto delicado. Carlos compreendeu-me logo e respondeu com franqueza: "É verdade, há ocasiões em que sinto Julieta perto de mim, e em que vivo com ela como outrora. É a sua alma que me acompanha ou é a minha lembrança que a tem sempre viva e presente ao meu espírito? Seja o que for, isso me consola e me restitui a felicidade que perdi. Que necessidade tenho eu de investigar este mistério ou dissipar esta ilusão? Não há maior mistério e maior ilusão do que a vida; e nos vivemos sem conhecer, nem a nossa origem, nem a realidade de nossa existência". Eis as palavras que ele me disse, e com a maior simplicidade e placidez de ânimo. A razão e a ciência não teriam outra linguagem; e quer a senhora que eu qualifique de mania essa plenitude da consciência?

VI

No dia seguinte à partida, pelo fim da tarde, a família Veiga achava-se reunida como de costume na varanda, que ficava à esquerda, no centro do edifício.

Tinham-se levantado da mesa de jantar e tomavam café gozando da fresca.

D. Felícia conversava com o marido acerca do Dr. Henrique Teixeira. Tinha ela notado o interesse e atenção que a filha mostrara ao médico, a quem vira na véspera pela primeira vez, assim como a rápida intimidade que se estabelecera entre ambos.

Talvez que esse impulso da moça tão volúvel e caprichosa sempre com os outros, e ainda mais com os seus apaixonados, fosse o indício de uma inclinação nascente. O Sr. Veiga acolhia pressuroso essa esperança, felicitando-se com a mulher pela realização do seu mais ardente desejo e, como homem positivo, pensava já nos meios práticos de efetuar o negócio:

— Amanhã mesmo vou tirar informações, disse ele, e acrescentou logo: por cautela! Mas estou convencido de que hão de ser das melhores. Pareceu-me homem sério.

Enquanto os pais, à meia voz, se ocupavam do seu futuro, Amália percorria a varanda, repetindo de memória, *somezzo,* a sua parte do dueto, cantado na véspera. Avivava assim a recordação dos aplausos que a tinham saudado nos trechos mais lindos; e ao mesmo tempo apreciava severamente a sua execução, para corrigi-la e dar-lhe maior realce.

Aproximava-se às vezes do balaústre onde colocara a taça de porcelana e molhava no café já frio os lábios, que ela sugava depois com um gesto gracioso para continuar os seus exercícios de vocalização.

Em uma dessas ocasiões seus olhos caíram sobre a casa vizinha, que muitas outras vezes lhe tinha da mesma forma interceptado a vista, sem que excitasse o menor reparo de sua parte. Era um edifício como qualquer de tantos que povoavam a rua por todos os lados.

Nesse momento, porém, seu espírito recebeu uma expressão mais definida. Lembrou-se de que era aquela a habitação desse Carlos, de quem na véspera lhe falara com tanta amizade e calor o Henrique Teixeira.

Todas as particularidades de sua conversação com o médico lhe acudiram à mente. Esquecendo o dueto, repassou de memória as palavras que ouvira acerca do viúvo e então, como já não estava dominada do sestro de motejar e meter a ridículo tudo quanto era sentimental, compenetrou-se mais das observações do doutor e dos fatos por ele referidos.

Quando absorta nestes pensamentos olhava o edifício meio oculto pelos bambus e avermelhado pelo arrebol, viu Hermano que passava entre as árvores, e aproximava-se do banco favorito.

A moça, disfarçando a sua curiosidade, recolheu o airoso busto na penumbra da coluna, para observar o solitário passeador, que se sentara a pequena distância do muro da chácara, em lugar onde ela o via perfeitamente por entre a folhagem.

Impressionada pela narração de Teixeira, examinou a fisionomia, e notou que ela não tinha nesse momento a expressão de recolhimento e abstração própria do homem que está só. O seu olhar não era de contemplação; animava-o o raio do espírito em comunicação com outro espírito não era o olhar que vê, mas o olhar que fala, que transmite a impressão em vez de recebê-la.

Uma vez Hermano ergueu-se; foi até a platibanda, colheu uma flor, um lírio, e tornando a seu lugar, conservou-o na mão com o gesto expressivo de quem o mostrasse a outrem sentado à sua direita.

Então operou-se em Amália um fenômeno psicológico estranho para ela que vivia unicamente no presente, porém em si mui natural e frequente. Assim como na tela de um transparente as figuras assomam de repente quando as colocam a contraluz, da mesma forma na memória da moça desenharam-se cenas da infância esquecidas por tantos anos.

Pareceu-lhe que via como outrora os dois noivos sentados no mesmo banco à sombra dos bambus. Uma tarde Hermano tinha colhido a mais linda flor do lírio e a apresentara à mulher dizendo-lhe:

— É a tua imagem.

— Então guarda-a, respondeu a mulher; e inclinando-se sobre a flor, bafejou-a com o hálito. Dei-lhe um pouco de minha alma.

A travessa menina debruçada sobre o muro ouvira esse rápido diálogo, de cujas palavras agora se recordava como se as estivesse escutando. Hermano tinha guardado a flor, que ele aspirava com delícia, sorrindo à mulher.

Lá estava ele ainda, com a flor, o gesto e o sorriso que ela vira cinco anos antes; só faltava a noiva. Então Amália revolveu debalde a memória na esperança de achar aquela imagem que se esvanecera; tentou recompor com os traços fugitivos de suas recordações aquela meiga figura, mas não o conseguiu.

No vislumbre de suas reminiscências aparecia um vulto formoso e elegante; mas ela não podia distinguir-lhe as feições; e isso a contrariava. Sentia um desejo de rever aquela moça, de conhecê-la agora que era moça também. Talvez viessem a ser amigas; com certeza o seriam; e que prazer não lhe daria a sua intimidade!

Estas vagas aspirações, Amália não as cogitou; despontavam em seu espírito de envolta com as recordações do passado, e apagavam-se logo.

Amália tinha muitas vezes lido em romances uns lirismos de amor semelhantes àquele bafejo da flor; e sabia que nos bailes e na vida real eles eram frequentemente copiados e até exagerados pelos noivos.

Todo esse formulário poético do namoro, ela o achava sumamente ridículo; e sempre que o apanhava em flagrante, o havia aplaudido com uma risada gostosa, como um lance de comédia.

Entretanto agora que o terno sentimento pela mulher devia parecer-lhe ainda mais extravagante, pela circunstância de não ser já senão uma mímica, bem longe de excitar-lhe o riso, ao contrário a tinha comovido.

Assim devia ser. O gesto de Hermano por mais excêntrico e singular que fosse, aparecia-lhe através da morte cuja sombra o envolvia. Não era uma fineza banal de namorados, nem uma afetação vã. Havia naquele diálogo mudo a comunicação de duas almas cujo elo o túmulo não tinha partido.

Quando o viúvo afastou-se na direção da casa, Amália sorriu-se; mas de si, de uma ideia de menina.

Lembrou se do desejo que tivera outrora de achar um noivo como aquele, que a adorasse, como ele adorava a mulher, e lhe desse muitas joias, muitas fitas, muitas galanterias.

Tinham corrido os anos. Ela ficara moça e era bonita; alguns diziam muito bonita, e ela concordava com estes. Seria mais bonita do que a outra, que ela invejava? Não sabia, e tinha uma certa curiosidade de verificar esta circunstância.

Não lhe faltavam noivos; ela poderia ter escolhido um entre muitos tão elegantes como esse, talvez mais sedutores. Entretanto os desdenhara a todos; e não sentia o menor entusiasmo pelo casamento.

De que provinha isto?

Nessa noite Amália foi com a família ao teatro. Enquanto se vestia e durante o espetáculo, seu espírito algumas vezes se desprendia das impressões do momento para insistir naquela interrogação.

Até então nunca se preocupava com o motivo de sua isenção. Era uma questão de gosto. Uns apreciam a música mais do que a pintura; há quem não pode suportar o burburinho da cidade, entretanto que outros detestam a monotonia campestre.

Ela preferia a vida de solteira, por ser mais livre, mais divertida e mais tranquila.

Ao recolher-se, avistando a casa vizinha, voltaram-lhe de tropel todos os pensamentos, que a cena da tarde lhe tinha sugerido. Mas apenas esvoaçaram um instante pela fantasia, e submergiram-se no repouso de um sono forte e calmo, o sono da saúde e da mocidade.

Pela manhã, ao acordar, dissipado o primeiro torpor que deixa a longa síncope da vida moral, a moça encontrou em seu espírito a explicação com que não atinava na véspera.

Até então não conhecia senão a aparência do casamento, essa face material, que se vê de fora, e compõe a sua fisionomia social. Agora compreendia que essa união era mais do que um modo de vida; mais do que um hábito e uma conveniência. Era, devia ser, um destino.

Aquele marido, não só fiel à memória de sua mulher mas unido a ela como no primeiro dia de seu amor; essa afeição alheia ao mundo e indiferente às vicissitudes da vida, fora uma revelação para Amália.

Entretanto esta revolução, que subitamente se tinha operado em suas ideias, produziu efeito oposto ao que talvez se devesse esperar. Bem longe de conciliá-la com o casamento, ao contrário, acabou de afastá-la.

Se até então ela evitava essa ligação como um transtorno à sua mocidade e uma contrariedade à sua índole, atualmente a considerava como um perigo, e um grande perigo.

Unir-se a outro homem, que não fosse o marido esperado, não seria falhar a seu destino, sacrificar a existência inteira e condenar-se ao eterno suplício de um cativeiro cheio de humilhações?

VII

Desde aquele dia, que se pode chamar de sua conversão, Amália ocupou-se com a casa vizinha, que dantes não lhe merecia a menor atenção.

Agradava-lhe a chácara, o edifício, as árvores. Achava-lhes alguma coisa de particular, embora não tivessem realmente de notável senão a solidão e o silêncio que os cercavam.

Acompanhava os movimentos da habitação. Ligava aos mais casuais e ordinários alguma significação. Uma janela que se abria, um rumor qualquer, eram como o gesto ou a palavra do edifício, que para ela tinha uma vida, uma história, uma individualidade.

Por Hermano, Amália sentia um indefinível respeito. Parecia-lhe que via nele pela primeira vez um homem, bem diverso da gente que povoava as salas e ruas. Nesse habitava uma alma: e era uma alma superior ao mundo, que tinha o seu mundo em si.

Ela, que dias antes ria do espiritualismo de Henrique Teixeira, a propósito do amigo, enlevou-se depois numa ideologia ainda mais abstrata; e achava simples, naturais, evidentes, os fatos que sua imaginação fantasiava.

Julgara a princípio uma demência, essa ilusão em que vivia Hermano. Entretanto que exagerava agora aquele fenômeno moral, e atribuía uma intenção misteriosa aos menores incidentes.

Por quem Amália, porém, mais se interessava era pela pessoa que já não existia: pela mulher que Hermano amava. Ela a considerava já como uma irmã sua; evocava a sua imagem; falava-lhe e ficava contente de vê-la feliz por ter inspirado ao marido aquele amor indelével.

Avivava-se-lhe o pesar de não a ter conhecido e de não lembrar-se de suas feições. Desejava tanto contemplar-lhe a beleza, ainda que fosse de memória! Hermano possuía necessariamente um retrato fiel de sua Julieta. Que não daria ela para vê-lo?

Essa mulher que havia merecido um amor tão puro completamente desprendido dos interesses e misérias sociais; que expressão, que encanto especial, que magia celeste possuía a sua beleza?

Às vezes Amália tinha uma vaga reminiscência da alvura deslumbrante de sua tez; do brilho sereno dos olhos; da suave inflexão do talhe.

E insensivelmente comparava-se a esse modelo; e sorria-se com desvanecimento, porque achava em si uns traços de semelhança.

A sociedade começou a mostrar-se à moça por um novo aspecto.

As futilidades brilhantes que dantes a alegravam e que ela chamava as flores da vida, tornaram-se para seu espírito mais calmo, flores do vento, rosas efêmeras e sem perfumes; e foi assim que a pouco e pouco se isolou do mundo. Sentia um tédio indefinível pelos divertimentos, e só achava prazer na solidão.

O Sr. Veiga havia colhido acerca de Henrique Teixeira boas informações. Era médico de talento e podia contar com um brilhante futuro, se não lhe faltasse a qualidade preciosa de saber-se apresentar.

Essa qualidade não é tão comum como se pensa; o que se encontra a cada passo e em todas as profissões é o abuso dela, o vício muito conhecido com o nome de charlatanismo. Não se trata, porém, desse grosseiro arremedo, que está ao alcance de qualquer sujeito desembaraçado, ainda mesmo ignorante e medíocre.

Os processos e fórmulas do charlatanismo já se aperfeiçoaram de tal modo, que os adeptos não carecem mais de gênio inventivo; tudo está feito, desde o anúncio ate à celebridade artificial.

Aquele que precisa do petrecho completo, médico, advogado ou artista, não tem mais do que pagar.

O que faltava a Henrique Teixeira não era pois essa fancaria a que o seu caráter não se prestava; era sim a verdadeira e fina arte social que ensina o homem a pôr em relevo o seu merecimento e atenuar os seus defeitos, sem hipocrisia, unicamente pela simples reserva e discrição.

Os painéis dos melhores mestres carecem de uma posição favorável para mostrarem todas as suas belezas; colocados contra a luz ou de esguelha desmerecem completamente e confundem-se com qualquer pintura. Assim são os homens na sociedade. A atitude é tudo: quase sempre decide uma carreira.

O Sr. Veiga era homem prático e muito conhecedor do seu mundo. Apreciou pois no justo valor a observação do amigo que lhe prestava esta informação; mas também sabia ele que a riqueza supre perfeitamente na sociedade, a virtude, o talento, o saber, e até a afeição.

O marido de Amália com duzentos contos de réis de dote, e o dobro em perspectiva, não precisava de apresentar-se; estava apresentado pela fortuna. Tinha um pedestal; todos o haviam de ver. Nenhuma necessidade teria ele de insinuar-se de agradar por suas maneiras quando podia impor-se. Que melhor anúncio e mais pomposo elogio do que um lindo carro tirado por formosa parelha de cavalos do Cabo, a percorrer as ruas da cidade e a excitar a atenção pública?

Em conclusão, o Sr. Veiga calculou que o Dr. Henrique Teixeira lhe convinha para genro especialmente pela circunstância mui importante de mostrar Amália por ele uma inclinação decidida.

Depois da noite da apresentação o médico fizera à família a visita de rigor; e nessa ocasião ainda. Amália o acolhera com a maior afabilidade, insistindo para que não faltasse às partidas. Além disso D. Felícia, que se incumbira de sondar as disposições da filha não teve necessidade de usar de sua diplomacia. A moça, espontaneamente e sem reticências, manifestou a impressão agradável que o médico deixara em seu ânimo.

À vista disto não restava senão entabular a negociação que o Sr. Veiga queria terminar logo e de pronto com a decisão que punha em suas transações. D. Felícia, porém, foi de opinião que se deixasse as coisas seguirem o seu curso natural, facilitando-se apenas o seu casamento.

Este último alvitre prevaleceu. O Sr. Veiga pagou a visita ao Dr. Henrique Teixeira, e convidou-o para o jantar de família, combinação lembrada pela mulher para introduzir na intimidade da casa o suposto pretendente que não era realmente senão um pretendido.

O doutor foi assíduo às partidas. Amália continuou a distingui-lo com uma atenção especial, deleitando-se na sua conversa. Falavam acerca de Hermano; a moça interrogava amiúde e ouvia com avidez.

Não precisou o médico de grande perspicácia para conhecer que esse interesse tão vivo da moça denunciava uma afeição nascente, mas profunda. Hermano ainda ignorava naturalmente; mas quando viesse a conhecê-la poderia ele partilhá-la?

Henrique era um tanto fisiologista. Ele acreditava que a natureza amante e apaixonada de Hermano carecia de uma forte expressão de afeto; e por isso revivia Julieta, para adorá-la. Desde, porém, que outra mulher o impressionasse, ele transportaria aquela adoração para o novo ídolo e continuaria neste o mesmo amor romanesco.

E que mulher estava mais nas condições de causar essa impressão viva do que Amália, cuja beleza luminosa e esplêndida raiava dentro d'alma como uma aurora de amor?

O médico afagava esta esperança. Ele compreendia a necessidade de subtrair o amigo à constante preocupação que lhe consumia parte da vida. Esse estado em todo caso não era natural; cumpria que cessasse. Para isso o primeiro passo era aproximar Hermano da mulher, que o podia salvar.

Entretanto, parecendo à D. Felícia muito lenta a marcha dos acontecimentos, resolveu ela provocar uma explicação. Mandou chamar o médico para consultá-lo sobre a saúde da filha, cuja mudança já a inquietava.

Expôs o desejo que ela e o marido tinham de ver Amália casada. Descreveu o tipo do noivo que preferiam; e apesar de sua modéstia Teixeira foi obrigado a rever-se naquele retrato físico e moral, como em um espelho do melhor aço. Finalmente rematou dando ela uma consulta matrimonial ao médico, em vez da consulta profissional que devia pedir a este.

— Amália gosta de alguém, doutor. Tenho a certeza.

— É natural. D. Felícia, e até muito provável.

— E o Sr. sabe quem é?

— Não devia entrar em assunto tão delicado; mas a sua confiança minha senhora, a estima que consagro a toda a sua família, e o deseje de concorrer para a felicidade de duas pessoas que tanto merecem, impõe-me esse dever.

Henrique revelou o segredo de Amália. D. Felícia caiu das nuvens Não podia crer. Apenas retirou-se o médico, ela dirigiu-se ao aposento da filha.

Amália, de pé junto à janela, com a fronte apoiada na aba da porta, tinha os olhos presos na casa vizinha; e tão absorta nessa observação, que a mãe aproximou-se e ficou muito tempo a fitá-la, sem que ela percebesse.

D. Felícia não duvidava mais. Teixeira tinha razão. Amália amava Hermano e era um amor veemente que se lia em seu formoso semblante como em uma página aberta.

— Queres casar com ele? perguntou a senhora afetuosamente.

Amália estremecera a essa voz. Com as faces inflamadas pelo pejo e os olhos em pranto, atirou-se nos braços da mãe e escondeu o rosto no seio dela.

D. Felícia acariciou-a com ternura e repetiu a pergunta que a moça escutara da primeira vez.

— Casar?... Com quem?... interrogou ela atônita.

— Com ele! com o Hermano.

Uma palavra prorrompeu do seio da moça, como a explosão de sua alma.

— Nunca!

E desprendeu-se dos braços da mãe, com uma violenta expressa de pavor.

Amália passava pelo mesmo espanto que teria se sua mãe lhe e acabasse de propor para marido um homem casado.

VIII

A primeira abertura de D. Felícia com Henrique Teixeira estabeleceu entre ambos uma confidência constante sobre o delicado assunto do casamento de Amália.

Ambos empenhavam-se na realização desse projeto do qual esperava cada um a ventura da pessoa que lhe era tão cara. Se a graça e os dotes da moça tinham cativado a simpatia do doutor, que já a estimava como outra Julieta, também D. Felícia seduzida pelo entusiasmo do amigo, queria a Hermano como a um filho e apreciava o seu caráter leal e generoso.

Logo no dia seguinte, aflita com o modo por que Amália recebera a ideia do casamento, e o terror de que se possuíra, a mãe comunicara ao médico esse fato tanto mais inexplicável, quanto a filha traía nos seus menores gestos um amor irresistível por Hermano.

Henrique Teixeira compreendeu logo o sentimento de Amália. Essa moça, outrora tão positiva, pairava agora no mundo da fantasia. Desde que Julieta vivia para o marido, e o acompanhava ainda e sempre, esse marido não era para a moça um viúvo, e o seu casamento com outra mulher seria um crime um adultério.

Não pareceu prudente ao médico explicar a D. Felícia o que influíra realmente no animo da filha, e evitou de tocar em qualquer particularidade da viuvez do amigo para não assustar a senhora. Atribuiu o espanto e emoção da moça à repugnância que ela mostrara sempre pelo casamento, e de que anteriormente fora informado.

D. Felícia aceitou esta razão, porque não descobria outra; e combinou com Teixeira os meios de destruir aquela prevenção. Deviam começar por estabelecer relações entre os dois apaixonados. A senhora os chamava assim, na convicção em que estava de que Hermano não podia deixar de ter por Amália um amor ainda mais veemente do que soubera inspirar à filha.

O doutor incumbiu-se de apresentar Hermano em casa do Sr. Veiga. Essa tarefa não era tão fácil como parecia: ele tinha de lutar com uma das regras invariáveis a que o amigo submetera a sua existência, desde a viuvez.

Quando não se achava nos seus dias negros, dominado pela obsessão que era talvez uma recaída do letargo causado pela morte da mulher, Hermano frequentava a sociedade, e concorria aos divertimentos como no seu tempo de casado. Encontrando nos bailes alguma amiga de Julieta dançava com ela e a festejava. Não tinha os sestros do viúvo. Não se enternecia, nem suspirava falando do golpe que sofrera; ao contrário mostrava um doce regozijo ao avivar recordações de sua felicidade.

Mas também repelia toda inovação.

A sua vida parara no momento em que Julieta morrera, deixando-o só, e portanto mutilando-lhe o ser. O que ele fazia depois disso não era mais viver; e sim reviver o passado, remontar o curso dessa existência dupla, que absorvera sua individualidade.

Não tinha relações nem amizades que não fossem daquele tempo. Se o acaso o punha em contato com outras pessoas, tratava-as sempre como estranhas, e não guardava lembrança desses nomes nem dessas fisionomias desconhecidas.

Não visitava família que não tivesse frequentado com a mulher.

Henrique portanto contava que o primeiro impulso do amigo seria a recusa formal de acompanhá-lo à casa do Sr. Veiga; e cogitava pretextos para induzi-lo e demover-se uma vez da sua inabalável resolução.

Em suas conversas acerca de Hermano, Amália tinha pedido ao doutor que lhe fizesse o retrato de Julieta; e nessa ocasião lhe dissera que outrora, bem menina, a tinha visto muitas vezes, mas não se podia lembrar da fisionomia.

Henrique também não se lembrava senão dos cabelos negros e da alvura da tez; do mais não reparara ele senão na graça que envolvia e luminava toda a pessoa de Julieta. De sorte que Amália nada colheu além do que sabia.

Sobre estas circunstâncias que a moça lhe referira de sua meninice, o médico propôs-se a bordar um conto que despertasse a curiosidade de Hermano. Falou-lhe da vizinha que se lembrava muito de D. Julieta e imaginou entre ambas uma semelhança, que não o podia comprometer na sua opinião.

Amália era uma beleza deslumbrante que ofuscava a outra.

Hermano, não mostrou o menor desejo de conhecer a moça; quando Teixeira o convidou para acompanhá-lo à casa do Sr. Veiga ele respondeu simplesmente:

— Não o conheço.

— Mas ele te visitou quando mudou-se para tua vizinhança Disse-me a senhora.

— Não sei.

O doutor compreendeu que só havia um meio de arrancar o amigo àquela vida abstrata; era perturbar o seu recolhimento, quebrar os seus hábitos, agitar-lhe o espírito. Antes de fazê-lo, hesitou. Tinha ele certeza de dar felicidade a Hermano? Não seria cruel dissipar-lhe a doce ilusão em que vivia para lançá-lo em uma triste realidade?

Era caso de refletir.

O pavor que produzira em Amália a ideia de casar-se com Hermano, deixou em seu espírito uma impressão profunda, que só mais tarde se foi desvanecendo.

A chácara vizinha excitava nela um sentimento de repulsão; desviava os olhos daquela direção; passava os dias fora para fugir a essa vista que a incomodava. Foi para o Andaraí estar uma semana com tia.

A ausência acalmou a sua agitação. Voltando a casa, D. Felícia acabou de tranquilizá-la. Disse-lhe que tivera aquela ideia, por desconfiar que Hermano lhe agradava, mas desde que ela rejeitava o partido não devia pensar mais nisso; pois nunca se casaria senão de sua livre vontade e com um homem que escolhesse.

— Mas ele, mamãe, soube de seu desejo? perguntou Amália inquieta.

— Não; foi só lembrança minha. Ele não deu nenhum passo.

— Se nem me conhece!

Esta conversa dissipou o susto da moça. Aquele interesse que ele havia tomado pela constância do viúvo, tomou-se inocente como dantes. Ela podia sem receio, e sem vexame, abandonar-se de novo aos impulsos desse capricho.

Voltou pois à contemplação e devaneio, em que se esquecia a observar os movimentos da habitação vizinha.

Uma tarde, Hermano não veio como de costume sentar-se no banco dos bambus. Ela impacientou-se com a demora; lastimou Julieta por aquela primeira inconstância; e afigurou-se-lhe ver a esposa desdenhada suspirando na sua tristeza e abandono.

Pouco tempo depois Hermano saía à chácara acompanhado de Teixeira, e dirigiu-se para o sítio habitual. Advertindo, porém, que não estava só, arredou-se e foi sentar-se longe com o amigo.

Amália adivinhou então a causa da ausência que a afligira. Perdoou a Hermano em nome de Julieta; condoeu-se da contrariedade que ele devia sofrer naquele momento; e irritou-se contra o Teixeira que viera disputar o amigo ao amor da mulher e obrigá-lo a parecer ingrato.

À noite fechada Amália via através da folhagem brilhar a luz do gás nas janelas que ela sabia serem as dos antigos aposentos de Julieta; nessa ocasião murmurava:

— Está junto dela.

Recordava-se então da vez em que os vira ali outrora; dos beijo que Hermano dera na mulher, e do rubor da noiva quando percebe que alguém os espiava, e que ria de sua ternura. Nesses momentos repreendia-se por aquela travessura de criança, de que se envergonhava.

Henrique Teixeira lhe dissera que esses aposentos ainda estavam como Julieta os deixara. Que vontade não tinha de os ver de novo, e agora que podia melhor apreciá-los! Às vezes dirigia-se para o terraço donde antigamente espreitava os noivos. Mas a delicadeza de seus sentimentos a retinha. Repugnava-lhe espiar a casa alheia, e abaixar-se a essa curiosidade leviana.

Notou, porém, que as rótulas estavam constantemente fechadas; portanto ela podia sem indiscrição aproximar-se dessas janelas. Para quê? Para estar mais perto, para ter uma esperança vaga e ilusória de ver aquilo que fugia de olhar.

Em uma noite cálida e abafada, a moça recostada à leiva de grama, fatigava, como de costume, os seus belos olhos em distinguir umas sombras fugitivas e confusas que se agitavam por dentro das venezianas.

As rótulas estavam apenas cerradas, o que ela notou pela estreita faixa de luz que indicava o interstício das duas abas não ajustadas. A princípio teve escrúpulo; mas como era impossível enxergar por aquela fresta deixou-se ficar.

Instantes depois a moça caiu de bruços sobre o respaldo de grama, sufocando nos lábios o grito doloroso que lhe estalara no seio.

IX

Soprava a viração da noite.

O primeiro lufo, cortando o ambiente cálido e estagnado e derramando no ar uma onda de frescura, rugitou pela folhagem das mangueiras.

Com a rajada, as rótulas se tinham afastado de modo a mostrar no quadro da janela o interior do aposento.

No centro havia uma mesa de charão com um vaso de rosas, colhidas naquela tarde. Amália vira quando Hermano as cortara da haste e pensou então que eram uma oferenda do marido à esposa querida. Naturalmente iam ornar o seu toucador.

Junto do vaso estava aberta uma caixa de carvalho com preparos e utensílios de flores artificiais; e na beira da mesa uma peanhazinha de bronze que mantinha direita na sua haste de arame uma rosa de pano ainda por acabar.

Hermano sentado ao lado com um livro aberto lia a meia voz; e embora o sussurro de suas palavras se perdesse nos rumores da noite, podia Amália mesmo de longe ver-lhe o movimento dos lábios.

Mas não foi nada disto o que feriu a alma da moça, quando a veneziana aberta patenteou-lhe aquela cena.

Em face de Hermano e também sentada como ele, Amália viu, cheia de espanto, uma mulher. Era moça e de rara formosura. Na posição que tomara, o seu talhe moldado por um vestido simples e justo, de azul à princesa, desenvolvia-se com um garbo indefinível.

A madeixa de cabelos negros sombreava o níveo fulgor do semblante, cujo delicado perfil pareceu a Amália ser talhado em um jaspe macio e diáfano, tão suave era o tom dessa carnação.

Descansava sobre a mesa um dos braços, cuja perfeição estética aparecia no esvazado da manga, e tinha a fronte ao de leve reclinada para a espádua, como uma flor que se realça para haurir a luz e os orvalhos do céu.

Amália compreendeu essa expressão de êxtase.

Pensou que a moça interrompera o seu trabalho de florista para embeber-se no encanto de ouvir as palavras de Hermano, o qual também abaixara o livro para contemplá-la e encher-se de sua beleza.

Do primeiro relance Amália não viu senão uma mulher naquele aposento, que pertencia a Julieta: não sentiu senão o golpe de tão indigna profanação; e foi este sentimento que lhe despedaçou a alma em um grito de dor, e atirou-a convulsa e fulminada sobre o cômoro de grama.

A cólera a reanimou. Ergueu-se e foi então que viu tudo. Seu olhar repassado de ódio correu todas as linhas daquela estátua harmoniosa como o faria o severo buril de um escultor; e não achou uma aspereza, um lisim. Ela poderia notar naquela fisionomia a fixidez de expressão, que a amortecia; mas era precisamente essa elação do amor, a maior sedução da rival de Julieta, a sua beleza ideal e celeste.

Um criado velho, o Abreu, entrara no aposento. Arranjou os objetos que estavam sobre a mesa; colocou ali uma salva com serviço de chá para duas pessoas; e reparando nas rótulas abertas pelo vento, fechou-as com o trinco.

Amália não viu mais nada senão a luz coada entre as lâminas das venezianas.

Não se imagina a indignação que sublevou sua alma, quando refletiu naquele acontecimento.

Se um homem amado por ela, depois de ter-lhe jurado fidelidade, a enganasse vilmente, não o puniria com o desprezo, que tinha por Hermano nesse momento.

Era uma traição torpe e infame a que havia cometido esse marido. Não lhe bastara esquecer a mulher, faltar ao seu juramento. Fez mais: insultou a sua memória, cobrindo com o véu de uma constância exemplar outro amor, que ele próprio se envergonhava de mostrar ao mundo.

Amália identificava-se com a esposa traída; supunha Julieta rediviva em si e erguendo-se implacável para castigar o pérfido marido.

Mas como? Morrendo outra vez; porém morrendo eternamente para ele; rompendo a cadeia que os unia, e abandonando-o a essa infeliz, como um sobejo da traição.

Nos dias que seguiram esta cena, Amália foi má. Sua alma se tinha saturado de fel; os sentimentos afetuosos eram recalcados por um despeito violento.

Anunciara-se a estreia de uma companhia italiana no Teatro Lírico.

Amália assistiu à representação. Queria vingar Julieta cobrindo de desprezo a todos os homens, especialmente os homens que fingiam o amor. Desejava sobretudo encontrar Henrique Teixeira para exprobrar-lhe a indignidade do amigo.

Os cantores eram medíocres; fossem embora insignes, Amália não lhes prestaria atenção naquela noite. Abriu o binóculo, e correu-o pelos camarotes, não para apreciar os trajes como costumava, mas para os criticar e às donas também; para dar alvo a seu pungente sarcasmo.

Em um camarote fronteiro descobriu Hermano e perturbou-se.

Que vinha fazer aquele homem ao espetáculo? Antes, devia este fato surpreendê-la; agora não; era tão natural!

A mulher que em uma das noites passadas ela vira no aposento da esposa traída, a rival de Julieta, com certeza estava no teatro; e o indigno amante só viera para acompanhá-la, e gozar da admiração produzida por sua beleza.

Amália notou que Hermano, apesar de estar só no camarote, deixara o lugar fronteiro à cena, e sentara-se no outro voltado para o fundo da sala. Parecia escutar atentamente a ópera; mas olhava com insistência para a segunda ordem.

Acompanhando a direção desse olhar, Amália fitou um camarote diagonal ao seu. Havia ali uma mulher vestida com muito luxo.

A saia de gorgorão verde com rendas finíssimas atufava-se por entre as grades.

Estava de costas. A moca não podia enxergar-lhe o rosto, que se retraía com o movimento do corpo ao voltar-se. Descobria, porém. uma madeixa de cabelos negros; e descansando sobre o acolchoado de veludo escarlate um braço alvo e torneado mesmo molde do outro, que vira na mesa de charão.

Esta observação irritou a indignação de Amália. Antes de terminar o espetáculo ela deu-se por incomodada e realmente estava. Quando já se retiravam, apareceu Henrique Teixeira; a moça não lhe deu atenção. A vontade que tinha de lançar-lhe em rosto a traição do amigo cedera a outro sentimento, ao pudor. Agora tinha vergonha de conhecer essa intriga vil e de ocupar-se com ela.

Quando se esmerava na cantoria, Amália tomara o hábito de recordar os trechos de ópera que ouvia no teatro. Assim fixava as suas observações de véspera; imitava as belezas, e corrigia o seu método.

Por isso ao acordar lembrou-se do piano já tão esquecido; e depois do almoço dirigiu-se à sala. Se ao recolher-se perguntassem que ópera se tinha cantado, ela com certeza não poderia responder. Agora, porém, recordava-se perfeitamente; fora a Lucia, de Donizetti. A música ficara-lhe no ouvido.

Abriu a partitura e cantou a parte de soprano. Disse admiravelmente o delicioso allegro da fonte; mas na grande ária da loucura excedeu-se. Não era o delírio da noiva escocesa que a inspirava; era o desespero de Julieta, a dor da esposa traída.

Estava aberta uma das janelas, e o sol entrando pela sala, chamejava nos espelhos e cristais. A claridade impacientou Amália; estava triste, e achava insuportável essa alegria do céu que vinha importuná-la.

Ergueu-se para fechar a janela, onde a esperava uma surpresa.

Hermano, de pé, à sombra de uma árvore, escutava o canto, em profundo recolhimento. Sua fisionomia denotava que ainda depois de ter cessado a voz, ele ouvia dentro d´alma o eco, e esperava o seu retorno.

Tinha na mão um jornal e estava sem chapéu, como quem fora surpreendido em casa, a meio da leitura, e viera pressuroso, não lhe importando sair de cabeça descoberta.

Quando Amália recobrava-se da emoção, Hermano erguia a fronte; pela primeira vez o olhar doce, profundo e exuberante desse homem encontrou o seu; e subjugou-a.

Ela estremeceu como se recebesse um insulto; e arrebatadamente num assomo de cólera, bateu a janela.

O que ela sentia era não ser homem para nesse mesmo instante precipitar-se do sobrado, saltar o muro, e açoitar as faces daquele insolente.

X

O gênio faceiro e jovial de Amália mudou completamente. A moça tornou-se pensativa: tinha longas horas de cisma e melancolia, ela que dantes não sabia senão rir e brincar.

Algumas vezes já se esquivava de frequentar a sociedade, que então fora para ela uma necessidade. Inventava pretextos para recusar os convites; e ficava em casa solitária, distraída, absorta em vagas contemplações.

Passava noites inteiras, recostada à sua janela com os olhos fitos, o seio palpitante, tão alheia de si que não ouvia a voz da mãe a chamá-la, e tão presente aos seus pensamentos que estremecia e sobressaltava-se a cada instante sem causa aparente.

Outras vezes saía ao jardim, e vagava pelos passeios talhados na relva, a desfolhar as flores que sua mão distraída ia colhendo, e a arrular palavras submissas que, pela cadência da voz melodiosa, pareciam trechos de poesia.

Amália admirava outrora as estrelas como umas joias mimosas de que Deus havia recamado o seu manto azul ou como umas violetas do céu a luzir por entre as sombras da noite. Era bonito; mas ela preferia um adereço de brilhantes sobre um vestido de cetim ou uma grinalda de miosótis.

Agora um místico sentimento a atraía para essas flores de luz, gostava de conversar com elas. Pensava que talvez tivessem um coração irmão do seu.

Quem sabe se não eram os anjos da guarda que velavam sobre as almas exiladas na terra?

Ela própria achava ridículas estas abusões, quando repassava na mente as cismas da véspera mas isto não impedia que de novo se embalasse naquela e noutras fantasias, em seus momentos de devaneio.

Toda a sua pessoa ressentia-se da revolução que lhe transformava o gênio.

Os movimentos sempre tão vivos e cintilantes tornaram-se frouxos e lentos. Sua beleza já não irradiava como no tempo feliz; agora embebia-se em uma sombra diáfana, que velava o matiz da cútis aveludada.

Ao piano, a sua execução não perdera em correção e limpidez; mas ou tocasse ou cantasse, havia na música, se esta era triste, uma repercussão íntima e profunda. Sentia-se palpitar a dor nas teclas como na voz.

De repente, sem motivo, e sem consciência, enchiam-se-lhe os olhos d'áqua. As lágrimas doutros tempos eram orvalhos para as boninas de seu gentil sorriso; estas de agora corriam lentamente e deixavam nas faces um brilho lívido.

A família assustou-se com esta mudança. Às perguntas inquietas da mãe, Amália respondia que andava aborrecida; e entretanto recusava as distrações que lhe ofereciam.

Afinal, tendo perscrutado debalde a causa da súbita transformação da filha, D. Felícia a atribuiu a uma dessas moléstias nervosas a que são muito sujeitas as moças fluminenses, pela falta de educação higiênica.

Resolveu então a família passar algum tempo fora da Corte. Foram para Petrópolis.

Nos primeiros dias, Amália recobrou a sua antiga alegria; e voltou à vida agitada e folgazã. Os passeios de carro descoberto, as apostas a cavalo, e as partidas campestres, reanimaram-lhe o gosto da sociedade e a restituíram ao seu natural.

A moça conseguiu durante alguns dias atordoar-se e submergir as suas recordações num turbilhão de prazeres ruidosos, mas que não lhe davam senão a alegria artificial do momento.

Ao cabo de alguns dias cansou. A tristeza que tinha espancado à força de movimento e agitação, voltou e mais intensa. Com esta vieram as saudades da casa de São Clemente. A moça lembrou-se da sua doce solidão; e desejou-a, como nunca havia desejado os divertimentos.

Fizeram-lhe a vontade. Recolheram-se à Corte depois de um mês de ausência. Por diversas vezes quiseram levá-la para a Tijuca ou para Juiz de Fora; mas ela resistiu sempre e com energia; foi preciso ceder.

A família projetou então uma viagem à Europa, como único meio que lhe restava para salvar a filha querida. Quando os pais comunicaram essa intenção à moça, ela recebeu o anúncio com espanto; depois foi se habituando à ideia, e, em vez de a repelir, já por fim a acolhia favoravelmente, e dizia à mãe, num ingênuo assomo de ternura:

— Não se aflija tanto, mamãe, eu lhe prometo ficar boa com a nossa viagem à Europa.

O Sr. Veiga, pai de Amália, começou a dispor os seus negócios. Contava partir no futuro mês de março, por ser já fim de ano, e não convir, na opinião dos médicos, nem à filha nem a ele, uma transição brusca do nosso verão para o inverno europeu.

D. Felícia depositava grandes esperanças nessa viagem; mas sua convicção era que só o casamento podia restituir a Amália a saúde e a felicidade perdidas.

Desde que voltara de Petrópolis, Amália trazia no fundo d'alma uma esperança, que não se animava a afagar, mas que se derramava por sua mágoa como uma gota de bálsamo. Talvez que tudo quanto vira naquela noite não fosse mais do que um momento de loucura, uma alucinação passageira do marido de Julieta.

Hermano seduzido por aquela mulher fatal esquecera o seu juramento; mas passada a primeira fascinação, o remorso o tinha pungido; e ele sem dúvida repelira de si com horror a culpada. Amália ia pois achá-lo restituído ao amor puro e legítimo da esposa.

Com efeito o marido de Julieta, quando não saía e ficava em casa a sós, passava as tardes no sítio habitual, junto aos bambus; submerso no mesmo profundo recolhimento, que Amália observara da primeira vez.

A casa continuava solitária, tranquila, silenciosa, como um retiro; mas à noite ainda aparecia nas janelas de Julieta o clarão sinistro, que batia nos olhos de Amália como o facho lúgubre de um sacrilégio.

Que se estava passando dentro daquele aposento, enquanto ela com os olhos cravados na veneziana feria sua alma de encontro às réstias de luz, que se enfiavam pelas rótulas?

Não poder arrancar esse obstáculo, que lhe ocultava o interior! Já não tinha escrúpulos, já não considerava essa curiosidade uma indiscrição. Ali não era Amália quem estava, mas Julieta na pessoa dela; Julieta que tinha o direito de defender contra uma intrusa a santidade de seu amor e o recato de sua câmara nupcial.

Esta ansiedade, e as decepções que daí lhe provinham a todo instante, aumentaram a tristeza de Amália; pelo que o Sr. Veiga cedendo às instâncias da mulher, decidiu a viagem à Europa.

A moça, a quem a ideia de uma separação assustara, compreendeu todavia a necessidade de arrancar-se à fatal dominação que sobre ela exercia aquele homem, a quem não amava, e nem poderia amar nunca.

Ela sentia que faltavam-lhe as forças para conter os impulsos de sua alma; e conhecia o poder da irresistível atração que a prendia ali, e que a trouxera de Petrópolis aonde se tinha refugiado.

Era preciso pois interpor o oceano e afastar-se para longe, onde a maligna influência que a tiranizava não pudesse chegar.

Afinal o acaso favoreceu a curiosidade da moça. Por esquecimento ficara aberta uma janela, não do toucador, mas da sala próxima. Foi o Abreu, ao escurecer, quando andara ali a espanar, que a deixaa assim, talvez para arejar o aposento, contando fechá-la mais tarde.

Amália alvoroçou-se com esta circunstância; logo conheceu que nada adiantava. Era-lhe impossível distinguir coisa alguma na escuridão da sala. Já ia se retirar, quando renasceu-lhe a esperança.

A lua assomara sobre o dorso do Corcovado; a sua claridade alva e doce como a luz coada por um globo de cristal diáfano estampou-se nessa face da casa.

À medida que o astro elevava-se no horizonte, essa faixa de luar cortada pela cornija do teto, desdobrava-se sobre a parede.

Amália seguia com ansiedade o perfil luminoso, impaciente de que penetrasse no aposento e o esclarecesse.

A princípio nada pode distinguir porque as réstias mutilavam os objetos, deixando uma parte na sombra.

Chegou, porém, o momento em que viu. A sala fora inundada pelo luar e o interior aparecia como uma cena de teatro, iluminada pela eletricidade.

A moça não teve a mesma súbita comoção que da outra vez. Então ela nada suspeitava, e o fato se havia apresentado a seus olhos de repente em toda a sua realidade. Agora, além de já temer a repetição do golpe, fora a pouco e pouco, reunindo os traços, lobrigando os vultos indecisos, que ela vira afinal desenhar-se o painel.

Lá estava a mesma mulher da outra noite, não sentada como da primeira vez mas reclinada em uma conversadeira acolchoada de cetim azul, e ainda mais encantadora.

Tinha adormecido, com a cabeça pousada na curva do braço, e o corpo meio voltado. O roupão de fina cambraia, fechado na gola e nos punhos envolvia o seu talhe, moldando os contornos graciosos, que não se podiam ver, mas palpavam-se com os olhos.

Amália admirava com toda a violência do ódio, que lhe inspirava semelhante criatura. Envergonhava-se de ser bonita também como ela; e ao mesmo tempo sentia não ter uma formosura ainda mais esplêndida para humilhá-la.

Um instante depois Amália recuou precipitadamente, cobrindo o rosto com as mãos. Hermano que tinha entrado no aposento, achava-se de pé junto à conversadeira.

As faces da moça abrasaram-se do pejo que sentiu. Revoltou-se contra a audácia daquele homem; e a indiferença dessa mulher que dormia quando um olhar indiscreto devassava o seu recato.

Tinha medo de ver; e uma irresistível tentação de olhar. Voltou as costas para a janela; mas não teve coragem de afastar-se. Entretanto Hermano aproximara-se silenciosamente da conversadeira, sentara-se ao lado e ficou imóvel, como se receasse levantar o menor rumor no aposento.

Esta cena exacerbou a cólera de Amália e o seu escândalo pela traição de Hermano. Nasceu-lhe um desejo veemente de vingar Julieta. Se ela pudesse subtrair o marido pérfido à sedução da amante; arrastá-lo a seus pés humilde e submisso; exprobrar-lhe o seu perjúrio; e restituí-lo arrependido ao amor da esposa!...

Que não daria ela em troca desse poder? Que satisfação não teria de infligir o justo castigo a esse crime?.

Mas bem compreendia, no seu despeito, que não tinha sobre Hermano a menor ação. Ela, uma das belezas mais festejadas da Corte, rainha nos salões, e dos mais brilhantes vassalos; querida e adorada por tantos admiradores, que todas as tardes faziam uma légua de carro ou a cavalo, só para a verem ao longe e de passagem; ela, Amália, não merecia a atenção daquele excêntrico, seu vizinho, que poderia se quisesse olhá-la a todo momento, comodamente, sem o menor sacrifício.

Talvez nem a conhecesse, e não soubesse que ela habitava ao lado de sua casa... Mas não; lembrou-se da vez em que o surpreendera ouvindo-a cantar; curiosidade que a tinha irritado a ponto de bater-lhe a janela.

Agora arrependia-se do seu arrebatamento. Devia ter-se contido naquele momento, e servir-se dessa impressão produzida por sua voz para atrair esse homem, fasciná-lo também com a sua beleza, dominá-lo, e então esmagá-lo com todo o seu desprezo.

Fora mal inspirada. Hermano ofendido com a desfeita que sofrera, não se arriscaria a nova repulsa. Entretanto por que não havia ela de tentar o meio que lhe restava para reatar o primeiro e único movimento desse homem para ela?

No dia seguinte, depois do almoço, Amália sentou-se ao piano; abriu a partitura da *Lucia*; e hesitou por algum tempo As portas das janelas estavam abertas; foi cerrá-las e pela fresta lançou um olhar à chácara vizinha. Estava erma e tranquila.

Então a moça decidiu-se, e cantou com emoção que nunca tivera em suas estreias de sala. Também nunca ela cantou melhor, com mais alma e paixão.

Terminando, ergueu-se precipitadamente. Arfava-lhe o seio, menos do esforço que fizera, do que do anelo de uma esperança que a agitava. Sentia que esse momento podia decidir de seu destino.

Calcando com a mão esquerda as pulsações do coração, caminhou para a janela, pálida e trêmula, e procurou com os olhos o lugar onde Hermano a escutara da outra vez.

Não havia ninguém.

XI

A noite apareceu Henrique Teixeira, que andava um tanto arredio.

O médico desistira do seu plano de trazer Hermano às partidas do Sr. Veiga, desde que D. Felícia tinha abandonado a ideia do casamento. Continuou, porém, a frequentar a casa com a mesma assiduidade. Foi só quando percebeu certa repulsão de Amália para ele, que se retirou.

A causa dessa repulsão não a podia precisar; mas suspeitou que se referia a Hermano. Seria porque fora ele quem envolvera o amigo na existência da moça; ou era ao contrário porque não tivera força de aproximá-lo dela?

A verdadeira causa, nós a sabemos.

Era a indignação que Amália sentira contra o esposo infiel e que ressaltava sobre o amigo, como sobre tudo o mais que lhe pertencia.

— Já tive o prazer de ouvi-la hoje, disse o doutor apertando a mão de Amália.

— Passou por aqui?

— Estive na sua vizinhança.

Amália entendeu a alusão.

— Ah! exclamou com indiferença.

Quando a moça começou a cantar naquela manhã Teixeira estava em casa de Hermano e conversavam os dois no gabinete. Às primeiras notas este levantou-se; esqueceu a presença do amigo e saindo à chácara aproximou-se da casa vizinha, resguardando-se com a folhagem do arvoredo.

Teixeira que o acompanhara, sentou-se junto dele e escutou. Aquela vivacidade do amigo, tão alheio a tudo que não se prendia à sua antiga existência, e a emoção com que ele ouvia a Amália, o surpreenderam. Interrogou as suas recordações. Julieta cantava essa ária, o que explicava tudo.

Terminado o canto, Hermano voltou ao gabinete e continuou a conversa, sem a menor alusão ao incidente. Henrique de seu lado também absteve-se de qualquer observação, e mui de propósito.

Deixando o amigo, lembrou-se o doutor de fazer à noite uma visita à família Veiga; e no primeiro ensejo referiu a Amália todas as circunstâncias do que ele chamava um triunfo.

— Um triunfo artístico bem entendido, acrescentou sorrindo.

— Os outros não são para mim, observou Amália em um tom de modéstia desdenhosa, que tornava ambígua sua frase.

A moça conteve e dissimulou a alegria produzida pela confidência do doutor. Agora sabia que Hermano a tinha ouvido e que sua voz atraía aquele homem indiferente ao mundo. Esta certeza encheu-a de confiança.

Desde esse dia não cantou mais a *Lucia*. As vezes ensaiava uns prelúdios, como quem se preparasse, e de chofre passava a outra peça, que executava primorosamente.

Compreende-se bem o que devia ser Amália nesses dias, convencida como estava de que o seu encanto, o seu condão, estava na voz. Todos os esplendores de sua formosura, todas as seduções de sua pessoa, toda sua graça e gentileza, ela os transportou para a música e idealizou em arpejos e melodias.

Quem já lhe tivesse admirado a beleza a reconheceria nesse canto inspirado que era como uma transfusão de sua radiante imagem. Seus lábios sorriam num trinado, com a mesma garridice com que desabrochavam a sua rubra flor.

A moça já não duvidava de seu império. Ela sentia em torno de si, a envolvê-la incessante a admiração de Hermano. A cada momento via ou adivinhava na espessura das árvores, na penumbra de uma janela, o olhar que a buscava com ansiedade e a seguia infatigável.

Entretanto mostrava-se despercebida dessa contemplação. Se aparecia à varanda ou passeava no jardim, não dava o menor sinal de ocupar-se com a casa vizinha que antes a absorvia tão completamente. Saia agora mais vezes para ter o gosto de ver-se acompanhada de longe e respeitosamente; ou para tornar mais desejada a sua presença.

Amália não tinha cultivado a arte de fazer-se amar que se chama faceirice; mas parece que é esse um dom natural da mulher. São as asas da borboleta, que nascem na estação própria, quando é tempo de voar.

As partidas do Sr. Veiga tinham continuado; menos brilhantes do que outrora, porque Amália já não as animava com sua alegria e espírito; mas sempre concorridas. D. Felícia insista nessas recepções, com a esperança de distrair a filha.

Uma noite, Amália, que mostrava certa volubilidade nervosa, dirigia amiúdo os olhos para a porta, como se esperasse alguém. Eram oito horas. Henrique Teixeira entrou, acompanhado por um cavalheiro alto e elegante.

A moça estremeceu reconhecendo Hermano; entretanto tinha um pressentimento mais do que isso, a certeza dessa visita. Ninguém lhe dissera coisa alguma; mas ela percebeu por certos antecedentes que o fato ia realizar-se enfim.

Hermano apresentou-se ele próprio a Amália, como um admirador de sua bela voz que o tinha por muitas vezes arrebatado.

— Já me ouviu cantar? Onde? perguntou Amália simulando ironicamente uma surpresa.

— Não me conhece então? interrogou o cavalheiro por sua vez, pousando no semblante da moça um olhar comovido.

— Se nunca o vi!... observou a moça com a mesma estranheza.

— Nunca?

Ela cerrou as pálpebras corando; quando as ergueu de novo todo o segredo de sua alma estava nos seus olhos límpidos e no meigo sorriso que veio à flor dos lábios.

Depois disso falaram sobre mil nugas dessas que servem às conversas de sala. Eles bem sentiam a insignificância de suas palavras; mas achavam prazer nessa troca de futilidades que os retinha juntos, e dava-lhes pretexto para comunicarem-se pelo olhar e pelo gesto.

O mesmo aconteceu nas outras noites. Quem os visse tão presos um do outro, tão entretidos na sua conversa, pensaria talvez que tratavam de coisas importantes, quando efetivamente não se ocupavam senão de trivialidades já muito repetidas.

Nessa fase da existência de Amália e Hermano, nada há de novo e de particular. Foi o que tem sido sempre e há de ser eternamente a aurora do amor. Quem não conhece essas doces alvoradas do coração, que espancam todas as sombras e nos transformam a vida em um esplendor?

Hermano, não se lembrava mais do homem que fora; nem tinha consciência de outra vida, senão essa que lhe trouxera Amália. Quanto à moça, os seus primeiros terrores, a indignação que sentira, o segredo que surpreendera; tudo se dissipara como por encanto. Ignorava o passado. A viuvez de Hermano, as relações dele com a desconhecida; ela não sabia mais disso; não sabia senão que amava.

Como se havia operado esse milagre? Ninguém o poderia explicar, nem eles mesmos que não tinham consciência da revolução profunda consumada em sua vida no espaço de alguns dias apenas.

Mais de três anos foram vizinhos, avistando-se frequentemente, sem que se preocupassem um do outro. De repente algumas palavras de uma conversa, algumas notas de uma ária, decidiram de seu mútuo destino...

D. Felícia enchera-se de esperanças e julgou-se dispensada do sacrifício da viagem à Europa, à qual só extremos de mãe a obrigariam. A prudente senhora sempre entendera que, de todas as mudanças de clima, a mais proveitosa para uma menina depois dos dezoito anos era essa que ela faz da casa paterna para o domicilio conjugal.

— Qual Vichy!... dizia aos médicos Não há como água da pia.

Entretanto os dias corriam; e o acontecimento esperado não se realizava. Debalde a senhora chamava constantemente a conversa para o assunto da viagem, e insistia na proximidade da partida, lembrando as mágoas da separação.

Os dois apaixonados, absorvidos consigo não a escutavam. Para eles não havia nem passado, nem futuro. A vida resumia-se no presente; e o presente era aquela íntima efusão em que se isolavam dos outros, em um canto da sala.

Uma vez, porém. D. Felícia interrompeu a confidência de todas as noites para interpelar diretamente a filha.

— Amália, teu pai amanhã vai escolher os camarotes. Não queres ir com ele?

— Tão cedo! observou o Borges. Ainda faltam dois meses.

— O Sr. Veiga quer prevenir-se com antecedência para obter os melhores lugares.

— Mamãe não vai? perguntou Amália.

— Eu não; só de falar em vapor já estou enjoada.

— Irei com papai. A que horas?

— Depois do almoço.

— Às dez horas, disse a moça enviando a Hermano em um olhar essa indicação.

Ele compreendeu.

— Então sempre se resolve a deixar o seu Rio de Janeiro?

— Mamãe vai.

— Mas a senhora podia ficar.

— Com quem? perguntou ela surpresa.

— Com seu marido.

Amália enrubesceu.

— Posso falar a seu pai?

A moça ergueu-se perturbada e aproximou-se da mãe para dizer-lhe ao ouvido:

— O Sr. Hermano pergunta se pode falar a papai.

D. Felícia voltou-se para o seu hóspede, e disse-lhe com um sorriso: — Pode; ele está no gabinete.

XII

Guiado pelo aceno de D. Felícia, Hermano dirigia-se ao gabinete do Sr. Veiga, que tinha por costume fazer diariamente a sua caixa particular antes do chá.

Ninguém ouvira na sala o breve diálogo dos dois namorados; e menos a pergunta que Amália transmitira à mãe, calando aliás a verdadeira intenção que Hermano lhe havia dado. Mas as pessoas presentes suspeitavam que se tratava do pedido formal de um casamento, que todas já previam.

Quanto a D. Felícia, tinha certeza do fato. A confusão da filha e o alvoroço que se traía na voz e nas palpitações do seio, revelavam bem o sentido da pergunta de Hermano e a significação do seu ato.

Amália, para esquivar-se à curiosidade geral que lhe interrogava a atitude e a expressão da fisionomia, fora sentar-se ao piano; e tocava com um brio nervoso, para dissimular na agitação do exercício musical e na excitação da fadiga os sobressaltos involuntários bem como os rubores que lhe abrasavam as faces e o colo.

Pelo seu gosto se teria retirado da sala; mas Hermano devia ressentir-se dessa ausência, e ela mesma não podia privar-se da sua presença pelo resto da noite. Sair para voltar depois da decisão era expor-se ainda mais ao reparo.

Durou meia hora a expectativa.

Ouviu-se abrir a porta do gabinete e todos os olhos volveram-se para o corredor, com exceção dos de Amália que se abaixaram a pretexto de decifrar uma frase.

Ela não viu nada, nem ali, nem no papel, nem em torno; tinha uma névoa nos olhos. Ouviu, porém, uma voz comovida pronunciar seu nome e sentiu que lhe apertavam a mão.

Quando recobrou-se desse soçobro e ergueu-se correndo a sala com o olhar, Hermano partia.

Voltara ele do gabinete grave e sombrio; despedira-se de Amália e da dona da casa com um aperto de mão, cortejara as outras pessoas e retirou-se sem uma explicação daquele procedimento estranho.

Fora tal a surpresa, que ninguém, nem D. Felícia, tivera a presença de espírito necessária para fazer a menor observação. Não havia para este fato senão uma interpretação; e foi a que todos lhe deram imediatamente, apesar de a considerarem inadmissível. Hermano tinha sofrido uma repulsa do Sr. Veiga.

Mas como era isso possível, sabia-se do desejo que tinha o capitalista de casar a filha; e dos avanços que a família fazia ao pretendente, e tão a contento da moça?

D. Felícia foi ao encontro do marido que entrava na sala e perguntou-lhe a meia voz, com sofreguidão, o que se havia passado com Hermano.

— Nada, respondeu o Sr. Veiga mais admirado do tom do que da pergunta. Ofereceu-me recomendações para a Europa e prometeu dar-me algumas informações úteis para a viagem.

— Só? perguntou a senhora.

— Só.

O pasmo foi geral. D. Felícia não se pôde conter.

— Não se precisa das suas informações; ele que as guarde e nos livre de sua presença.

O Borges encartou a sua mofina:

— Eu sempre o tive por maluco.

O Sr. Veiga dissera a verdade. Quando Hermano estava no gabinete, o capitalista estava no meio de uma adição.

Para não perder o trabalho começado, e usando já da liberdade de futuro sogro; pediu ao hóspede o favor de esperar um instante, dois minutos, enquanto fechava a conta.

Mal sabia ele que estes dois minutos iam decidir da felicidade da filha.

Hermano esperou, com a emoção que assalta todo homem de caráter ao tomar grande responsabilidade. Não era a primeira vez que tinha essa emoção. Lembrou-se do momento em que pedira a mão de Julieta. O passado, que parecia morto, ressurgiu e apoderou-se dele.

Ficou estupefato, vendo-se ali naquela casa e encontrando-se nessa última fase de sua existência, que ele se espantava de ter vivido. Parecia-lhe sonho esse período. Não compreendia como ele, o marido de Julieta, acreditara que pudesse nunca substituí-la por outra mulher.

O capitalista concluiu a sua conta e voltou-se para a visita. Trocaram algumas palavras sobre o calor que tinha feito durante o dia, e calaram-se.

— Está próxima a sua viagem à Europa? disse Hermano depois de uma pausa.

— É verdade! Daqui a dois meses.

— Sabe que já fiz esta viagem? Posso dar-lhe algumas informações úteis.

Hermano falou um quarto de hora sobre Paris e Londres sem consciência do que dizia; o Sr Veiga ainda absorvido nas suas parcelas de caixa não lhe prestou a menor atenção; e assim terminaram a entrevista.

Os convidados compreenderam a conveniência de retirarem-se mais cedo; o que, porém os decidiu a usar dessa atenção foi o desejo de espalharem logo, naquela mesma noite, a notícia do rompimento, pois outra coisa não era o que se acabava de pensar.

O Teixeira que chegara tarde, quis atenuar o procedimento do amigo, e teve com D. Felícia longa explicação.

Parece que tocou nas excentricidades do viúvo atribuindo a elas a sua hesitação, o que a senhora moralizou com esta exclamação:

— Então bem diz o Borges. É um maluco e foi uma felicidade que eu o descobrisse, antes de dar-lhe minha filha.

Amália tinha-se recolhido. A mãe foi achá-la pensativa:

— Tu sabes quanto desejo ver-te casada, Amália; mas antes fiques toda a vida solteira, do que teres a desgraça de aturar um doido.

— A sua doidice, mamãe, também eu a tenho. Ele ama!....

— A ti? perguntou D. Felícia com ironia.

— A mim também; mas não me ama bastante para fazer-me sua mulher.

— Não te faltam maridos.

Amália, durante as suas breves relações com Hermano, costumava à tarde sentar-se no jardim, em um caramanchão que ficava perto da grade, mas oculto pelas trepadeiras. Ali viam-se de passagem, conversavam um instante, e separavam-se para de novo reunirem-se à noite na sala.

Passados os primeiros dias depois do rompimento, a moça tornou a esse hábito, talvez na esperança de que ele facilitasse a aproximação de Hermano. Ela adivinhara a razão que havia determinado a súbita mudança do amante; mas queria ouvi-la de seus lábios.

Com efeito uma tarde, ao escurecer, ouviu o rangido da areia sob os passos de alguém que se aproximava; não ergueu os olhos do livro, mas pressentiu que era ele; e não se enganava.

— Não venho pedir-lhe perdão. Não o mereço; e a senhora não pode e não deve conceder. Desejo, porém que saiba a causa do meu procedimento, para que não duvide um instante de si e do respeito e admiração que me inspirou Quer ouvir-me?

— Fale, murmurou a moça comovida.

— No momento de ligar para sempre o seu ao meu destino, hesitei; apoderou-se de mim um grande terror. Tive medo de fazer a sua infelicidade.

— Por quê?.

Hermano concentrou-se um momento.

— Quem possui a sua beleza e a sua alma, tem o direito de ser amado exclusivamente, sem reservas e sem partilhas. A senhora não pode ser a simples companheira do homem a quem se unir. É preciso que esse homem lhe pertença, que viva inteiramente de sua afeição, que se consagre todo à sua felicidade. Se ele tivesse uma ideia, uma preocupação, uma reminiscência, que o disputasse ao seu amor cometeria uma infidelidade; e a senhora havia de exprobrar-lhe o tê-la enganado. Podia eu, conhecendo-a como a conheço, sacrificar o seu futuro, que deve ser tão brilhante?

Amália pousou os seus belos olhos no semblante de Hermano.

— Tem razão, disse ela docemente. O meu amor não basta para encher tão completamente a sua vida, que não haja lugar nela para outra afeição. Desde que o passado ainda vive em sua alma, o que iria eu fazer senão perturbar a tranquilidade de seu espírito e profanar as suas recordações? É melhor assim; guardaremos pura e sem ressaibo a lembrança desses poucos dias que vivemos juntos.

Ela ergueu-se, estendendo a mão ao amante.

— Adeus, Hermano.

— Amália!... Talvez...

— Não façamos do nosso amor um galanteio de sala. Já esqueceu Julieta e poderia esquecê-la nunca?

Hermano não respondeu.

— Bem vê que é impossível.

A moça afastou-se lentamente. Hermano entrou na sua chácara, e sentou-se no primeiro banco. A lua vinha assomando no horizonte.

Ouviram-se prelúdios de piano; e uma nota melancólica e suavíssima cortou o silêncio da noite.

Era a voz de Amália que soluçava o *Addio del passato* da Traviata .

<h1 style="text-align:center">XIII</h1>

Amália, durante a longa vigília daquela noite, se compenetrara bem da situação, em que a tinham colocado os acontecimentos.

A proximidade do homem que amava, e a quem não podia pertencer; a facilidade de vê-lo a cada instante involuntariamente, ou a casa onde habitava; essa certeza de sua presença, ali, a alguns passos dela, era um suplício cruel.

Cumpria quebrar de uma vez esse elo material, já que não podiam unir-se pelos vínculos d'alma.

Amália lembrou-se a princípio de passar fora da Corte algumas semanas que faltavam para a viagem; mas pareceu-lhe melhor apressar de uma vez a partida para a Europa.

Com esta ideia, ergueu-se pela manhã, e saindo do seu quarto, encaminhou-se ao gabinete do pai resolvida a fazer-lhe o pedido. Foi, porém na sala de jantar que o encontrou em companhia da mãe.

Veiga abraçou a filha muito risonho; e prendendo-lhe a loura cabeça no peito, pôs-lhe diante dos olhos uma carta aberta, na qual a moça reconheceu a letra de Hermano.

Antes que ela se recobrasse da surpresa e pudesse ler a carta, D. Felícia lhe comunicara sofregamente o assunto.

Era um pedido de casamento, no qual Hermano manifestava o desejo de obter pessoalmente de Amália o seu consentimento.

— Pode vir? perguntou o pai à filha depois que esta acabou de ler a carta.

—Ainda não, respondeu Amália agitada.

— Quando? disse D. Felícia.

— Quero pensar, mamãe.

A senhora, para quem Hermano agora era o homem mais sensato do mundo, fez à filha mui judiciosas observações acerca da conveniência de apressar a decisão; e não se esqueceu de citar em seu abono o conhecido anexim que dá por transtornado o casamento adiado.

Amália persistiu não obstante; e com uma razão que desarmou a mãe.

— Se é preciso que responda imediatamente, mamãe, recuso. É porque desejo aceitar, que peço a liberdade de refletir. Para dispor de minha vida inteira, não são muitos alguns dias.

— Pois bem, Amália, pensa à tua vontade; mas lembra-te de que a viagem está próxima. É verdade que pode-se adiar, até mesmo porque o tempo não anda bom; tem havido tantos temporais. Que diz, Sr Veiga?

O capitalista que lia os jornais, levantou os óculos para observar:

— Mas o câmbio é ótimo. A ir não devemos perder esta ocasião.

Amália hesitou durante alguns dias. Ela tinha naquela carta, lida tantas vezes, e guardada consigo, a prova cabal, além de muitas outras, do amor que Hermano lhe consagrava. Mas podia ela confiar a sua sorte desse amor?

Hermano era uma alma nobre, um caráter leal, incapaz de iludi-la. Não duvidava dele; mas duvidava de si. Receava não ter força para dominar e possuir esse coração generoso, arrancá-lo ao passado em que se havia sepultado, e ressuscitá-lo à felicidade.

Ela acreditava que o marido de Julieta ainda amava a primeira mulher e vivia de sua lembrança.

Mas esse afeto de além túmulo não podia encher-lhe a existência; e por isso aquela alma rica de paixão e mocidade se desprendia da sua idolatria para buscar no mundo uma expansão, um sentimento de que se nutrisse.

Nesse impulso, Hermano se lançara na realidade, fascinado pela beleza da desconhecida; mas, em breve a ilusão desvanecera-se. O homem regenerado pelo amor casto de Julieta não podia corromper-se numa lição impura. Passada a alucinação, tornara ao seu culto.

— Foi então que ele, desesperado pela recordação da mulher, e crendo em mim outra Julieta, começou a amar-me, pensava Amália; e talvez esse amor o tenha salvado, dando-lhe forças para reabilitar-se. Sem ele, sem um afeto que o obrigue e o ampare, não se deixará dominar ainda pela beleza fatal daquela mulher, ou de outra como ela? E poderá reerguer-se da nova queda?

A moça decidiu então na generosidade de seu amor votar-se à guarda e arrimo desse homem infeliz pela exuberância de sua alma.

— Mas, se o amor que inspirei, e que ele sinceramente acredita sentir por mim, não for mais do que um capricho efêmero um reflexo apenas da paixão que tem por Julieta? Quando dissipar-se o encanto me perdoará ele ter profanado o culto da esposa e rompido para sempre o elo que o prendia à primeira e única mulher amada? Não terei eu sacrificado a minha vida, não para dar-lhe a felicidade, mas para fazer a sua desgraça?

Era esse o grande problema do seu destino. Amália bem o compreendia; e sem deliberação para resolver por si, deixava isso ao tempo, esperando uma inspiração do céu. Entretanto passavam os dias aproximava-se a época da viagem; e talvez fosse esta o melhor e o único desenlace.

Toda essa hesitação, bastou um olhar para dissipá-la. Amália indo com a mãe à cidade, encontrou Hermano e não pôde resistir ao gesto de doce resignação com que ele a saudou.

É o meu destino, pensou a moça. O meu e o seu.

Respondeu ao cumprimento, parando para falar-lhe; e na despedida, ao apertar-lhe a mão disse:

— Até à noite.

Ao escurecer, quando Hermano chegou Amália o esperava no jardim. Antes que ele preferisse qualquer palavra, a moça, espontaneamente e como se continuasse um diálogo não interrompido, entregou-lhe a mão dizendo:

— Com uma condição.

— Qual?

— Se até o último instante eu perceber o menor sinal de arrependimento ou mesmo de hesitação, fica-me o direito de restituir-lhe a liberdade.

— Duvida de meu amor, Amália? Depois de ter-lhe dado a maior prova? tornou Hermano magoado. Que conceito lhe mereço então?

— Não! acudiu a moça vivamente. Não duvido; nem do seu amor nem da sua lealdade, Hermano. É o interesse pela sua felicidade que me inquieta.

A noite as visitas receberam com a notícia do malogro da viagem à Europa, a participação ainda confidencial do próximo casamento de Amália com Hermano.

A certeza dessa união, esperada pelas pessoas que frequentavam a família Veiga, foi bem recebida; todos felicitaram cordialmente os noivos. O Borges, porém, embora se mostrasse dos mais pressurosos em aplaudir, ia pelos vários grupos de convidados insinuando um *veremos* significativo.

O Teixeira que o ouviu, incomodou-se; e receou talvez o agouro daquela dúvida. Entretanto ele acabava de conversar com o amigo; e embora na sua qualidade de médico calcasse na cicatriz dessa alma para conhecer se doía-se ainda do golpe, não descobriu perplexidade no espírito de Hermano. A sua resolução era firme e calma; tinha sido friamente meditada, não provinha de um assomo de momento.

No dia seguinte começaram os preparos do casamento, que por parte de Amália já estavam adiantados. Desde a apresentação de Hermano em sua casa D. Felícia vira nele o marido que tanto desejava para a filha e por isso a pretexto de arranjos de viagem, o que ela tinha encomendado às costureiras e modistas era um rico enxoval de noiva, já quase pronto.

Por parte do noivo também não havia muito que fazer.

A casa estava pronta; e não faltava senão a pintura, pois ainda conservava a primitiva que recebera por ocasião do primeiro casamento. Isso e a substituição dos móveis era negócio para um mês.

Amália acompanhou de longe e com indiferença esses pormenores domésticos, que têm geralmente um especial encanto para os noivos, como primícias que são da vida conjugal, e flores de uma primavera casta e serena.

A moça tinha outra preocupação mais séria que absorvia a sua solicitude. Observava o noivo e estudava a sua alma, atenta ao menor sintoma de desfalecimento que porventura se manifestasse na sua resolução. O que ela temia sobretudo era um erro fatal.

— Se depois de unidos para sempre a sua alma separar-se de mim, eu serei um obstáculo, um tormento para sua existência. Longe, nunca mais deixará de amar-me; entretanto como meu marido, pode até odiar-me.

Esta reflexão íntima revela o que se passava em Amália. O seu tempo de noiva, que para as outras é o idílio suave de um amor partilhado, para ela foi todo cheio de inquietações, de sustos e de graves pensamentos.

Ela velava sobre o seu futuro guardando-se para mais tarde gozar sem receios de sua felicidade, se Deus a abençoasse.

Poucos dias antes da época marcada para o casamento, D. Felícia, a pedido do noivo fez com a filha uma visita à casa que já se achava preparada. Nessa ocasião Amália foi assaltada por uma ideia que ainda não lhe tinha ocorrido, e que a fez estremecer.

A mãe falara do seu toucador e quarto de dormir. Estas palavras desenharam em seu espírito pela primeira vez a realidade doméstica de sua futura posição naquela casa. Ela vinha substituir outra mulher que ali fora dona e senhora antes dela.

Seus aposentos seriam os mesmos aposentos de Julieta, fechados desde a morte desta e respeitados durante cinco anos como um santuário?

E teria ela, Amália, a coragem de profaná-los como o fizera uma dessas mulheres, que não conhecem a santidade da família?

XIV

Depois de pequena demora na sala, Hermano convidou as senhoras para verem o interior da casa.

— Em primeiro lugar o toucador, disse D. Felícia, que pretendia aferir a ventura da filha pelo luxo desse aposento especial.

Amália que passara adiante dirigia-se para o lado do edifício em que ela sabia desde muito achar-se a sala que servia de toucador a Julieta. Hermano, porém, adiantou-se com visível precipitação e tomou-lhe a passagem.

— Por aqui, Amália, disse ele um tanto perturbado e indicando com o gesto a direção oposta.

Aí estavam efetivamente os aposentos da noiva, onde a arte reunira todas as comodidades domésticas sob a forma mais graciosa, dando à riqueza dos móveis os realces da elegância.

Enquanto D. Felícia, regozijava-se com esse luxo, que esperava encontrar, e distribuía os seus elogios a cada peça, Amália observava silenciosamente, estudando com uma prevenção que não podia vencer, o aspecto e arranjo do aposento que lhe estava destinado.

A primeira circunstância que provocou sua atenção, foi o contraste saliente deste toucador com o outro, o anterior, que ela vira a primeira vez quando menina, e tornara a ver ultimamente.

Apesar de corresponder exatamente a repartição das duas asas do edifício e de terem portanto as salas o mesmo plano e as mesmas dimensões, tão opostas eram no adereço e arranjo que denunciavam o propósito de torná-los o mais diferentes que fosse possível.

O antagonismo manifestava-se em tudo, na pintura, na tapeçaria, nos ornatos, nos móveis. As cores desdiziam inteiramente. O primeiro toucador era azul e branco; este rosa e ouro. Os trastes daquele, de érable; os deste, de ébano. A colocação dos objetos inversa.

Quando D. Felícia passou ao quarto de dormir, a filha disfarçou para não entrar; mas de relance percebeu que ali havia dominado o mesmo intuito.

Para Amália esta antítese foi uma cifra do pensamento recôndito de Hermano; e ela embalde perscrutou-lhe na fisionomia o verdadeiro sentido. O noivo satisfeito e contente com os elogios de D. Felícia. e com o interesse que a moça tomava por seu toucador, não revelava no semblante a menor preocupação.

Todavia Amália persistiu em descobrir um desígnio naquela circunstância que podia ser casual. O susto que sentira a princípio, com a ideia de ocupar os mesmos aposentos de Julieta, acabava de transformar-se em uma fria suspeita que transpassava-lhe o coração.

Pensativa, reservada, seguiu a mãe durante a visita minuciosa, que fez ao resto da casa. Hermano, ocupado em mostrar à senhora os vários objetos do trem doméstico, não teve ensejo de reparar na frieza da noiva. Se alguma vez achou-a recolhida e silenciosa, atribuiu sua timidez ao recato natural da menina, ante esse prólogo da vida conjugal, que se desdobra aos seus olhos de virgem noiva.

Nesse dia, quando Amália só e em liberdade, pôde coligir suas impressões e refletir sobre o incidente da visita, a suspeita que se aninhara em seu espírito cresceu, e tornou-se em certeza. A alma de Hermano estava escrita naquele símbolo, que ela a princípio não pudera decifrar.

Julieta ainda tinha naquela casa um templo onde era adorada. Ainda ela dominava e possuía tão completamente o coração do marido que este, apaixonado por outra mulher a quem ia ligar-se eternamente e na véspera dessa união, não podia banir de si o passado e divorciar-se do primeiro amor.

Era por isso, era para conjurar as recordações implacáveis que surgiam a cada instante; para iludir-se emprestando uma virgindade artificial a emoções já outrora sentidas, que Hermano recorrera calculadamente àquela diversidade dos objetos que deviam cercá-lo na fase nova de sua vida.

Tinha feito como o pintor que obrigado a repetir um quadro histórico, buscasse na divergência das cores e na mudança das posições, uma novidade que faltava ao assunto; e sem a qual a monotonia lhe matada a inspiração.

Amália recordava-se de uma observação anterior. Quando pintava-se a casa, notou que a asa direita do edifício continuava fechada; mas não deu a isso nenhuma importância, distraída como andava com outros cuidados. Agora tinha a explicação. Essa parte da casa, que fora particularmente habitada por Julieta, ficara intata. Era uma relíquia.

— É preciso romper este casamento! disse então Amália consigo.

Tomada a resolução, ela espreitou o ensejo de levá-la a efeito de modo que poupasse a suscetibilidade de Hermano. Quando estava só fortalecia-se no seu intento; mas quando chegava o noivo e ela o via tão feliz e tão regenerado por seu amor, não tinha ânimo de precipitá-lo daquele fagueiro transporte, que também a arrebatava.

Uma vez o amante exprobrou-lhe a esquivança que ela mostrava acerca desses projetos de futuro, os quais não passam muitas vezes de fantasias, mas são para os noivos como uma antecipação da felicidade conjugal.

— Quer saber a razão? disse Amália.

— Não é preciso que o diga. Se me amasse como eu a amo, acharia o mesmo prazer nestas futilidades.

A moça respondeu-lhe com uma expressão grave e um olhar repassado de tristeza:

— Se não o amasse, como o amo, acharia decerto prazer em falar nessas esperanças e promessas de uma ventura que é o meu sonho. Mas ao contrário elas me entristecem.

— Por que, Amália? perguntou ele surpreso e inquieto.

— Tenho um pressentimento.

— Não diga isto!

— Não serei sua mulher, Hermano.

O amante adivinhou a razão dessa dúvida que afligia o espírito da moça; e respondeu-lhe com uma queixa:

— Mostrei-lhe acaso, Amália, o menor indício de arrependimento e hesitação para que retire o consentimento que me deu?

— Não o retiro; dei-lhe a mão; ela pertence-lhe.

— Mas então quem se oporá à nossa felicidade?.

— Não sei; mas tenho medo que ela não se realize.

— Faltam tão poucos dias!

— Até à hora, ninguém sabe o que pode acontecer.

Hermano esforçou-se por dissuadir Amália daquela ideia, e com tanta efusão falou-lhe de seu amor, que ela deixou-se convencer, e creu enfim na possibilidade de ser feliz.

Se a moça cogitasse em um meio de fascinar o seu amante, de o prender ainda mais a si, não poderia escolher melhor do que este receio sincero por ela manifestado. Desde aquele diálogo Hermano redobrou de extremos; e se já havia resumido sua existência em Amália, não viveu mais senão das horas que passava junto dela.

Ao chegar interrogava ansiosamente o semblante da moça receoso de ler nele a sua condenação. Depois de retirar-se, inventava pretextos para voltar uma e mais vezes, como para certificar-se de que nenhum acidente ameaçava de novo a sua felicidade.

Esse tempo foi para ele um contínuo sobressalto e para Amália o mavioso enlevo de sentir-se amada com todas as emoções e todas as energias dessa alma opulenta. As dúvidas e receios de seu espírito dissiparam-se completamente. Tinha agora a confiança de seu poder, e a convicção de que Hermano lhe pertencia, e a ela unicamente.

E não advertiu que essa impulsão era talvez o efeito de um anelo estremecido pelo temor, e ao qual talvez sucedesse uma reação violenta.

No dia marcado celebrou-se o casamento. Não era um sábado, dia tão impropriamente consagrado pelo uso para esse ato solene. É com efeito difícil atinar com a relação que possa haver entre a véspera do repouso e o instante em que principia para o homem a grave responsabilidade de família. Saturno devorando os filhos é um mau signo para a fecundidade do matrimônio.

Amália estava deslumbrante com seu traje de noiva. Os esplendores de sua beleza ardente tomavam através dos cândidos véus uns tons suavíssimos.

Hermano era o mesmo cavalheiro fino e elegante, que seus amigos tinham conhecido dez anos antes. Se a flor da primeira mocidade passara, a fisionomia, como o porte, ganhara em distinção e naturalidade.

O Sr. Veiga festejou o casamento da filha com um baile suntuoso. Às duas horas começou uma dessas intermináveis quadrilhas que servem de remate ordinário a semelhantes reuniões dançantes.

A alegria era geral; e os noivos foram dos que mais se divertiram.

Ambos eles renasciam para a vida brilhante dos salões da qual se tinham por algum tempo afastado; ela durante a sua tristeza, ele durante a sua viuvez.

Já o nascente bruxuleava, quando o baile formou-se em procissão para acompanhar os noivos a casa.

XV

Voltando de reconduzir os seus hóspedes, Hermano aproximou-se do sofá onde Amália sentara-se.

— Estou caindo de sono, disse a moça conchegando-se com um gesto gracioso na longa capa de caxemira que lhe cobria as espáduas, e as vestes de noiva.

— Por que não se recolhe? perguntou o marido.

Ela hesitou um instante; mas afinal erguendo-se com um faceiro assomo para romper o casto enleio, dirigiou-se ao toucador e ali achou sua criada.

Às pressas açodadamente, como costumava quando recolhia-se tarde e fatigada dos divertimentos, trocou as sedas e atavios por um alvo e fresco roupão de cambraia com fitas escarlates, delicioso traje no qual ela parecia vestida de sua candidez e de seu pudor.

Sentou-se então no divã.

Estava tão fatigada! Tinha dançado como uma menina de colégio que vai ao seu primeiro baile. Não sentia o cansaço do corpo somente; o espírito também havia sofrido as emoções daquela noite e dos dias anteriores. Era feliz, tão feliz, que sua alma carecia de repouso.

Reclinou a cabeça no recosto do divã, e insensivelmente o seu lindo talhe descaiu lânguido. As pálpebras cerravam-se a seu pesar; mas ela fazia um esforço para abri-las. Tinha um vago susto de abandonar-se ao sono ali, sozinha; e também vexame de que Hermano viesse encontrá-la a dormir.

O marido entrou no toucador e chegando uma cadeira sentou-se defronte, cautelosamente, para não perturbar o repouso da noiva. Ela não o sentira entrar; mas abrindo os olhos viu-o em face a contemplá-la com enlevo.

Sorriu-se, e dando-lhe a mão que ele guardou entre as suas, adormeceu como uma criança. A presença de Hermano inspirou-lhe nesse momento a mesma confiança, que outrora o afago materno; o amor a ninou.

Hermano demorou-se algum tempo a admirar a graça de Amália assim adormecida. Involuntariamente seu pensamento enleando-se nas reminiscências o transportou ao passado, à noite de seu primeiro casamento.

De repente, tornando daquele recordo ao presente volveu o olhar em torno e ficou atônito de ver ali em face dele a mulher que pouco antes admirava, a esposa a quem se ligara havia poucas horas.

Ergueu-se pálido, desmudado, espavorido, e afastou-se.

No dia seguinte, eram dez horas da manhã quando um raio de sol brilhante e alegre entrou pelo aposento de Amália como para festejá-la. Durante a noite, a moça acordara, e tonta do sono, buscara no próximo aposento o leito, onde refugiou-se.

Pela manhã a mucama abriu a janela do toucador; e uma réstia de sol batendo no espelho refrangera acariciando o rosto mimoso da moça pousado em um ninho de rendas.

Ela abriu os olhos e saltou da cama, alegre como um passarinho.

— Sinhá quer tomar alguma coisa? perguntou-lhe a mucama.

— Eu quero almoçar, que estou com muita fome.

— Mando pôr na mesa?

— Não; aqui mesmo, no toucador.

Amália teve então uma ideia que lhe sorriu.Sentou-se à sua secretária, um mimo de marcenaria, e escreveu a seguinte carta em papel que ali achou, com o seu monograma:

"D. Amália Veiga de Aguiar tem a honra de convidar seu marido Carlos Hermano de Aguiar para almoçar em sua companhia, hoje, às onze horas, no seu toucador. O menu fica por conta do convidado."

A moça fechou o seu convite e mandou-o entregar a Hermano de quem sentia a falta perto de si. Ela não o censurava pela ausência; mas parecia-lhe que ele devia ter-se apressado em saudá-la logo pela manhã, e sobretudo nesse primeiro dia em que dormira na sua casa.

Hermano acudiu pressuroso ao convite; e os dois noivos almoçaram jovialmente perto de uma janela, que dava para o jardim, ouvindo cantar os passarinhos e aspirando a fragrância das flores que o vento, soprando nas roseiras esparzia sobre a mesa.

O resto do dia passaram nesse mesmo devaneio amoroso, lendo, recitando versos, recordando a breve história de sua afeição, e estremecendo ainda dos incidentes que os ameaçavam tantas vezes de uma separação eterna.

No meio destes lirismos, Amália escreveu à mãe uma carta cheia de ternuras; e D. Felícia veio fazer à filha uma rápida visita que a encheu de júbilo por ver seu contentamento.

O jantar foi a reprodução do almoço. Comeram ali mesmo no toucador em uma mesa volante, servidos pela mucama. Amália achava encanto nessa solidão a dois, em que nenhum olhar estranho e indiscreto vinha perturbar a sua casta felicidade.

No fim do crepúsculo, quando as sombras se condensavam entre as árvores, saíram os noivos à chácara para espairecer. Sem intenção e sem consciência, Amália dirigira o passeio justamente para aquele banco onde outrora Julieta sentava-se todas as tardes com o marido.

Hermano a princípio a tinha acompanhado sem observação, mas visivelmente contrariado, o que a noiva não percebeu por ter volvido os olhos para a casa paterna. Quando, porém, a moça ia sentar-se no banco, ele irrefletidamente impediu-lhe o movimento com o braço, e obrigou-a a afastar-se.

— Não se sente ai, Amália.

Amália, surpresa por aquele gesto, que não era um abraço, reconheceu o sítio e adivinhou a razão da repugnância do marido. Sua alma confrangeu-se. O erro, o erro fatal, que ela tanto receou, estava consumado.

Calou-se, porém, e seguiu silenciosamente o marido que para que a ocorrência, falava-lhe com volubilidade dos planos que tinha para embelezamento da chácara, a fim de que Amália achasse aí todos os encantos, quando, fatigada da sociedade se deixasse ficar no seu retiro para repousar.

Notando afinal a mudez e esquivança da moça compreendeu que a impressão fora profunda; e para serenar-lhe o espírito renovou os protestos tantas vezes de que ela era sua felicidade, sua vida, sua alma.

— Iludiu-se, Hermano, e eu também. A sua felicidade, se alguém lha pode dar neste mundo, não sou eu; e Deus sabe que sacrifícios eu não faria para merecer esta graça!

Amália proferiu estas palavras com uma tristeza maviosa e afastou-se para que o marido, apesar do escuro, não lhe visse as lágrimas.

— Não tem razão, Amália. Se eu me lembrasse de oferecer-lhe uma flor, já usada por outra senhora, não a rejeitada ofendida? E me condenaria, se eu procurasse antes para dar-lhe uma destas violetas, abertas agora mesmo com o sereno da noite, cheias de perfume e colhidas por mim em sua intenção? Pois assim deve ser também com as flores d'alma.

Eu não pude nascer no dia em que a conheci, para que minha vida começasse com o meu amor. Quero, porém, despir-me do homem que fui, porque esse não lhe pertence, e portanto não existe mais.

— Então é por mim? perguntou a moça com surpresa.

— Pois duvidava?!

Amália sorriu. A nuvem se tinha desvanecido; seu céu de amor estava outra vez límpido e sereno.

Entretanto quando, ao recolher, ficou só como na véspera, pensou consigo que se Hermano a amasse, tanto quanto ela o amava não teria lembrança para quanto não fosse o seu amor. A filha não esquecia perto dele a mãe de quem nunca se apartara até aquele dia? Por que não esquecia ele também uma pessoa finada desde cinco anos?

Achava alguma razão nas palavras do marido; mas dispensara de bom grado aquela delicadeza Desejada antes ser querida por Hermano com tanto anelo e transporte que tudo para ele fosse novo nessa casa, nesses sítios, cheios do passado.

Apreciava a pureza das flores d'alma recém-abertas ao seu influxo; mas também pensava que em uma alma completamente regenerada pelo amor, já não devia de haver flores murchas e fanadas, como eram essas recordações que pungiam o marido.

Os três primeiros dias depois do casamento, Amália e Hermano os passaram no mesmo delicioso a sós. Comiam no retiro do toucador, não como casados da véspera, mas como namorados em partida campestre, às ocultas.

Esse cunho de improviso e de folia era o que mais encantava Amália. Ela que sempre fora menina e travessa queria descontar agora os dias de tristeza. A solenidade da vida conjugal e a serenidade da posição de dona de casa, assustavam a seu gênio faceiro. Assim esquivando-se a pretexto de recato e acanhamento, retardava o momento de assumir suas graves funções.

Chegou porém, o dia.

A mesa estava servida para o almoço. Amália tomou a cabeceira e o marido sentou-se ao lado.

— Onde está Abreu? perguntou o dono da casa. Chame-o!

A voz de Hermano tinha uma severidade desusada. Nunca Amália ouvirá aquele timbre. Ela fitou o semblante do marido, e notou a expressão áspera de sua fisionomia e o olhar imperativo com que ele recebeu o velho criado.

Abreu aproximou-se da mesa com o passo ríspido dos soldados; dobrou a cerviz por um movimento de engonço, e perfilou-se.

Quando Hermano passou-lhe o prato destinado a Amália ele o conservou na mão imóvel. Foi preciso que o amo lhe desse ordem terminante:

— Para a senhora!

Então sem voltar-se, estendeu o braço e pôs o prato na cabeceira. Nem então, nem depois, durante todo o almoço, o seu olhar, que ele tinha sempre levantado, buscou a dona da casa.

Não a queria ver, e não a viu.

XVI

Tinham decorrido do quinze dias depois do casamento.

Amália já não podia esconder a sua tristeza. As apreenções, que a haviam assaltado antes, aí estavam realizadas. Sacrificara-se para fazer a felicidade do homem a quem amava, e essa união ia tomar-se um suplício cruel para ambos.

Nos primeiros dias, a moça enlevada pelos lirismos do coração virgem, sentiu-se feliz. Em sua inocência, não desejava mais do que possuía. As efusões de Hermano, sua palavra comovida, seu olhar terno e fagueiro sorriso bastavam para encher-lhe a alma e transbordar.

Havia, porém, nesse afeto uma timidez que ela não podia definir. Ainda não recebera uma só carícia; quando solteira tomada tais demonstrações como desacato. Mas agora o seu título de esposa as santificava. Parecia-lhe que seu marido devia ter o mesmo direito que seu pai, de beijar-lhe a face e estreitá-la ao peito.

Talvez Hermano se acanhasse, e não tivesse animo de tomar essa liberdade. Compreendia o seu enleio pela comoção, que tinha ela também, só de pensar nisso. Mais tarde vivia a intimidade.

Então o espírito da moça lançava-se no vago, ansioso de perscrutar o desconhecido; e coligindo em suas recordações ideias outrora incompreensíveis, rastreava um pensamento que a fazia estremecer. Não sabia nada; não suspeitava; mas pressentiu.

Julgou-se humilhada, não somente em sua beleza, mas em sua dignidade de senhora.

Ao mesmo tempo outras circunstâncias concorriam para agravar a sua posição já melindrosa. Hermano que a princípio se mostrava cheio de atenções e somente ocupado dela, agora tinha frequentes distrações, sobretudo na mesa.

82

Seus olhos a evitavam ainda mesmo quando lhe dirigia a palavra. Ficava por muito tempo calado e absorto. Às vezes no meio daquela concentração, fitava a mulher, observava-lhe as feições com estranheza, e no seu semblante pintava-se a surpresa. Desviava então a vista, e de novo caia na sua abstração.

Uma manhã, Amália mandou mudar a disposição da mesa colocando seu talher na outra cabeceira, para não ter o sol de face. Veio o marido que tomou maquinalmente o seu lugar costumado. Pouco depois reparando na alteração, lançou à moça um olhar de espanto; e saiu precipitadamente da sala onde não voltou esse dia, dando-se por incomodado.

Amália adivinhou que era o lugar de Julieta na mesa. Hermano não querendo que ela o ocupasse, lhe havia destinado outro. Daí a sua contrariedade. Não obstante a impressão que lhe causou o fato, a moça procurou disfarçar, e convidou o marido para jantarem nessa tarde à sombra das mangueiras.

O Abreu por seu lado continuava a ser para ela, o mesmo homem de pau do primeiro dia. Em quinze dias, ainda não lhe tinha dirigido um olhar, nem uma palavra. Com a sua máscara impassível isolava-se dela inteiramente.

Durante a viuvez de Hermano, foi o velho quem governou a casa, onde por seu intermédio as ordens de Julieta eram ainda executadas, como no dia em que ela as dera. Os outros criados obedeciam-lhe como a um chefe; e tinham-lhe senão mais respeito, decerto que mais temor do que ao amo. Era este que os pagava; mas era aquele que os alugava e os despedia.

A presença da nova dona da casa não alterou esse regime. Era preciso que alguém mandasse, e o ex-furriel levado pela hábito ia determinando o serviço como dantes. Assim, quando Amália quis ensaiar a sua autoridade doméstica achou uma resistência muda mas tenaz.

Se mandava mudar um traste, ou fazer alguma leve alteração no arranjo da casa, ninguém lhe opunha a menor observação. Mas no outro dia as coisas voltavam ao estado anterior. Indagava a razão, os criados respondiam repetindo a palavra de Abreu: "É a ordem". Isso queria dizer que assim se havia feito por vontade de Julieta.

Amália retraiu-se para evitar conflitos que a obrigariam a um ato de rigor. Muito a afligida se a sua união com Hermano desse causa à expulsão do velho criado, que era já um amigo da casa. Ela tinha bom coração; e lembrava-se de que o Abreu fazia aquelas coisas pelo muito amor à sua filha de criação.

Todavia, quando pensava na sua posição, não podia dissimular que era naquela casa uma intrusa, que estava ocupando o lugar de outra não só nos atos da vida domestica, mas também no coração do marido. A cada instante a realidade fazia-se, para mostrar-lhe que era demais ali.

D. Felícia não tardou em aperceber-se da tristeza da filha e interrogou-a. Nada colheu. Amália guardou o seu segredo.

Não queria afligir a mãe; e ainda menos expor Hermano a uma censura ou queixa que talvez ainda mais o separasse dela.

Uma noite, porém, a inquietação materna venceu o delicado escrúpulo da sogra, e D. Felícia, tomando à parte Hermano, perguntou-lhe o que tinha Amália.

— Nada. Ela queixou-se?

— Não, e é o que mais me aflige. Pois ainda não reparou na mudança que ela tem feito nestes últimos dias?.

A senhora mostrou-lhe de longe a moça que nesse momento sentada de perfil e pensativa era a mais bela estátua de melancolia, que um artista poderia imaginar. O marido ficou a olhá-la compassivo.

— Eu lha dei, Hermano, para fazê-la feliz.

— E é o meu ardente desejo; e se bastasse o meu amor!....

A entrada do Sr Veiga pôs termo a esse diálogo. D. Felícia. aproximou-se da filha e tentou ainda surpreender a causa daquela mágoa. Desta vez não fez nenhuma pergunta direta; indagou disfarçadamente de mil coisas a ver se descobria algum arrufo. A moça, porém, não manifestava a mais leve sombra de ressentimento.

Eram dez horas.

Amália estava só e pensava no seu destino quando Hermano veio, como costumava, sentar-se perto dela. Conversaram algum tempo.

— Anda triste, Amália? disse por fim o marido.

— E não tenho razão, Hermano?

Ele tomou a mão da mulher, e atraindo-a a si reclinou-se para beijar-lhe o rosto. Amália, cheia de rubores e júbilos, palpitante de emoção, abandonou-se ao doce impulso; mas de repente, faltando-lhe o apoio, o talhe descaiu sobre o recosto.

Hermano soltara-lhe as mãos, no momento em que seus lábios iam tocá-la; e erguera-se pálido, hirto, com a visão pasmada, como se um espectro surgisse a seus olhos.

— Perdão! murmurou com a voz abafada.

Esta súplica, porém, Amália conheceu que não se dirigia a ela, pois o olhar do marido passava por cima de sua cabeça e fitava-se além.

Afinal dominando-se, sentou-se de novo, reportando à mulher aquela mesma exclamação com a voz mais livre.

Amália sob a influência daquele estranho pavor, emudecera. O marido não se animou a quebrar esse doloroso silêncio. Depois de um instante de perplexidade, murmurou umas palavras de despedida, levantou-se e saiu do toucador.

O primeiro sentimento de Amália depois da surpresa que lhe causara esse fato foi a revolta contra o império que exercia a lembrança de Julieta no ânimo do marido, e a fraqueza desse homem que se deixara subjugar àquele ponto.

A mulher, ou antes, a sombra que saía do seu túmulo para disputar-lhe o marido, ela a odiava. Que direito mais tinha Julieta sobre Hermano? Deus não os havia separado, levando-a deste mundo e deixando-o, a ele, livre de amar e escolher outra esposa?

Esse marido lhe pertencia agora; e ninguém lho podia roubar. Tinha-lhe jurado fidelidade; e só ela podia dar-lhe a ventura. Essas recordações que afligiam incessantemente o espírito de Hermano, eram uma vingança de Julieta. Essa mulher nunca tinha amado sinceramente o esposo; pois não sabia sacrificar-lhe o egoísmo de sua afeição.

A este assomo, ou talvez delírio de sua imaginação exaltada pela ideias fantásticas do marido, sucedeu, corpo era natural, o desânimo, o abatimento, a prostração do corpo e do espírito.

Vergou ao jugo da fatalidade que a oprimia; e compreendeu que só havia para aquela situação insolúvel uma saída. Era a separação.

Cumpria romper quanto antes o laço que não era mais vínculo de união, e sim a algema de um suplício.

Mas como? Que razão daria a seus pais e ao mundo para aquele ato de tamanha gravidade e escândalo! De si não se preocupava. O que não queria era lançar qualquer mácula sobre o marido, a quem amava, e sujeitá-lo à reprovação geral.

Falaria a Hermano logo no dia seguinte, e combinariam o melhor meio.

Separar-se-iam como dois irmãos queridos que o destino aparta; e longe, lembrando-se um do outro, revivendo os dias felizes que haviam precedido o seu casamento, se amariam eternamente.

Mais tarde, talvez!....

Essa meiga esperança que veio afagar o seu pensamento, cerrou-lhe as pálpebras e trouxe-lhe um sono plácido, depois de tão violentas emoções.

XVII

Era tarde quando Amália acordou. Deitada ainda e envolta nas alvuras de suas roupas de linho, entrou a olhar amorosamente os objetos que a cercavam, os móveis, as decorações da parede, as árvores do jardim que ensombravam as janelas.

Tinha saudades deste sonhado ninho de seu amor, onde, se não havia achado a ventura, fruíra tão doces momentos de enlevo, conversando com seu Hermano.

E agora era preciso deixá-los, e com eles as ilusões de uma felicidade, que lhe fugira quando a supunha segura. Sua esperança despedia-se de todos estes companheiros de solidão, que lhe haviam sorriso nos primeiros dias.

Hermano desde muito cedo andava na chácara. Ao entrar em casa viu a mulher sentada na sala, a cismar. Ela revolvia as dolorosas impressões da véspera, para fortalecer-se em sua primeira resolução.

Vendo o marido que parara indeciso, enviou-lhe o seu melancólico e resignado sorriso.

Hermano aproximou-se então e disse-lhe impetuosamente com uma voz sufocada:

— Sou um miserável, Amália; sacrifiqueia-a indignamente. Amei com paixão, jurei fazer a sua felicidade, que era a minha, uni o meu ao, seu destino; e eu não me pertencia, não era livre, não podia dispor de mim! Sou um miserável!.. Traí a minha primeira mulher, e à segunda enganei!...

— Não me enganou, Hermano; afaste semelhante ideia. Eu sabia o que se passava em seu espírito e previ o que veio acontecer. Se alguém errou, fui eu que me iludi numa esperança falaz, mas tão grata, que ainda me deixaria enlevar por ela se fosse possível.

— Sabia, Amália?... Mas por que não me repeliu? E eu, cego que estava, roubei-lhe a felicidade, a existência inteira!

— Tinha esse direito. Ela lhe pertencia.

Hermano afastou-se arrebatadamente com um gesto de desespero Amália foi a ele com o pensamento de acalmar essa agitação e de convencê-lo da necessidade de uma separação que aplacaria os seus escrúpulos, e pouparia a ela novos e cruéis martírios.

O marido, porém, voltara para dizer-lhe:

— Não se aflija, Amália!... Cometi uma perfídia, mas não passou de uma alucinação!... A minha honra e a minha lealdade não me abandonaram ainda e espero em Deus que não me hão de desamparar nuncá. Juro restituir-lhe intata a sua liberdade que eu tive a desgraça de comprometer. Resigne-se por alguns dias a este constrangimento. Ele cessará, deixando-a outra vez senhora de si.

— É sobre isto mesmo que desejava falar-lhe, Hermano. Refleti, penso que uma separação é necessária para o sossego de ambos. Devemos porém fazê-la de modo que não nos fique mal. O meio é que eu não sei. Se fosse possível!... Lembrei-me que na Europa, com as viagens, ninguém suspeitaria, nem mesmo mamãe.

— Oh! ninguém suspeitará!... Terei o cuidado de ocultar! Tomarão por um acidente, um acaso!

Hermano, proferindo estas palavras com um tom equívoco e um sorriso pungente, deixou a moça entregue a suas tristes reflexões.

A princípio ela não penetrou o verdadeiro sentido daquela resposta do marido. Pensou que ele se referia apenas ao pretexto da separação prometendo achar um que poupasse desgosto à família e não desse azar à maledicência.

Mas aquele estranho sorriso, e a qualificação de *acidente* dada pelo marido ao fato que devia desligá-los, lançou em seu espírito uma dúvida cruel. Que pretendia ele fazer então, simuladamente, para que os outro o atribuíssem a uma casualidade?....

Amália ergueu-se, trêmula de horror. Adivinhara! Hermano tinha resolvido matar-se. Era essa a significação daquele juramento que fizera de restituir-lhe a liberdade. Para não expor a reputação dela, de sua esposa, é que prometia levar a efeito o plano sinistro de modo que ninguém desconfiasse do suicídio.

Ansiosa buscou o marido; mas este se havia recolhido ao gabinete onde ela não animou a entrar.

Imagine-se o que devia sofrer, pensando que naquele mesmo instante em que tremia atenta ao menor rumor, ele, Hermano, talvez carregava o revólver, armava-o e... despedaçava a cabeça com um tiro!

Nessa aflição foi ate a porta do gabinete para escutar, e volveu mais tranquila lembrando-se de que o marido lhe falara em uma demora de alguns dias. Tornou, porém, assaltada de novos terrores, e chegou a bater.

Hermano abriu. Encontrando Amália, saiu, fechou vivamente a porta sobre si, e dirigiu-se com a moça para a sala próxima. Sua expressão era calma e natural; ninguém diria que ele ocultava um desígnio funesto.

Essa placidez aquietou a agitação da moça que para não toldar novamente o animo do marido absteve-se de revelar o seu terror. Hermano como se nada houvesse ocorrido entre ambos, passou a conversar acerca de coisas indiferentes, lembrando à mulher vários divertimentos, que ela recusou.

Na continuação da conversa, Amália confiada nessa tranquilidade, e querendo de uma vez acabar com a sua inquietação, perguntou ao marido de que meio se tinha lembrado para realizar a separação.

— O meio? disse ele. Só há um, Amália.

— Qual?

— A morte.

— Então, é verdade, quer matar-se? exclamou a moça com desespero, e travando das mãos do marido, como para retê-lo junto a si.

— Já sou um morto. Metade do meu ser há cinco anos desceu à sepultura. A outra metade que ficou neste mundo, para expiação de suas culpas, não teria perturbado a sua felicidade, se estivesse reunida àquela e restituída ao pó.

— Mas eu não quero que morra, Hermano! Deu-me sua vida; ela me pertence; a mim também.

— Não a podia dar, Amália! Não lhe confessei já que sou indigno, que a enganei?.

— Pois bem! Esta união é nula; não existe. Mas a culpa é toda minha: carregarei com ela. Direi a minha mãe que arrependi-me, que não tinha propensão para o casamento, que não sei fazer a felicidade de meu marido... Direi o que for preciso, contanto que viva, Hermano!

— Para que, Amália, se a amo, e não posso e não devo amá-la! respondeu o marido.

— Também eu o amo; mas não penso em matar-me!

Hermano sorriu:

— Não preciso matar-me; basta morrer.

— Jura-me que não atentará contra sua vida?

— Já disse, Amália. Não careço do suicídio. Para que soprar a luz, se ela apaga-se por si?.

— Mas dê-me sempre esse juramento para sossegar o meu coração.

— Juro.

— Por ela?... Por Julieta?

— Sim.

Estas cenas abalaram profundamente o espírito de Amália. que abandonou a ideia de separar-se do marido, naquelas circunstâncias, deixando-o sob a influência de tão sinistros pensamentos. Apesar da confiança de Hermano, o juramento deste não lhe dissipara as apreenções. Não suspeitava um ardil; mas temia uma fatalidade.

Até ali, o recato tão natural em uma noiva, e ainda aumentado pela reserva do marido, lhe tolhia a liberdade na própria casa em que devia ser dona. Nunca se animara a penetrar no aposento de Hermano, nem se lembrara disso.

Agora, porém, sua posição. Tinha o dever de guardar e defender a vida do marido; e para isso carecia de toda sua vigilância e solicitude. Era mais que tempo de assumir a sua autoridade doméstica sem a qual não poderia isentar-se da grave responsabilidade de esposa.

Assim, quando no dia seguinte Hermano foi à cidade, ela depois de haver obtido dele a promessa de voltar cedo e de o ter acompanhado com os olhos até perdê-lo de vista, saiu da janela resolvida a ensaiar o seu papel de dona de casa.

Abreu, conforme o costume, acabava de arranjar o aposento do amo, e ia sair fechando a porta para guardar a chave no bolso, quando Amália entrou. Passado o seu espanto, o velho decidiu-se a ficar de guarda à moça, que se sentara em uma cadeira de balanço.

Esse intento, porém, frustrou-se.

— Pode retirar-se, Abreu, disse a senhora com um tom brando, mas firme.

O ex-furriel estremeceu, como se outrora o seu capitão lhe desse uma ordem contrária ao detalhe; e ficou imóvel.

— Não ouviu?

Aquela interrogação e o olhar que a acompanhara, expulsaram o criado do gabinete. Ficando só, Amália fechou-se por dentro e começou a sua investigação. Temia que o marido tivesse armas ocultas ou veneno. O que achou foram algumas chaves de aço, dourado, enfiadas em um aro de prata.

Adivinhou de que aposentos eram estas chaves, e abrindo com uma delas a porta de comunicação, passou ao toucador de Julieta. As janelas cerradas deixavam o interior em um tênue crepúsculo.

Ao dar o primeiro passo, Amália recuou e presa de súbita vertigem, cairia, se as mãos não agarrassem convulsivamente as cortinas da porta.

Instantes depois, recolhendo-se precipitadamente ao seu quarto a moça caía de joelhos, banhada em lágrimas e murmurando:

— Louco!.. Louco, meu Deus!....

XVIII

Entrando no toucador de Julieta, escassamente alumiado pela claridade que filtrava entre as laminas das rótulas, Amália tinha visto, ali sentada junto à mesa de charão, tal como lhe aparecera três meses antes a desconhecida.

Fora o abalo dessa visão que lhe causara a vertigem. Tomando a si, ainda a viu no mesmo lugar, impassível. Encheu-se de indignação e adiantou-se para expulsar de sua casa aquela indigna.

Apesar do estrépito dos móveis arrastados, a desconhecida permaneça imóvel.

Amália travou-lhe do pulso, e achou-o gelado. Era então um cadáver que tinha diante dos olhos? Não; apesar do horror que a invadiu, pôde afinal conhecer a verdade.

Era uma figura de cera.

Atônita com esta descoberta, a moça lembrou-se da vez que avistara a desconhecida recostada no sofá; e correndo ao quarto de dormir lá encontrou-a no mesmo lugar, coberta com um véu de seda.

Era outra figura de cera representando a mesma mulher com a única diferença da posição. Não podendo imprimir movimento à estátua, o artista o tinha suprido com a mudança da atitude e do gesto.

Qual era, porém, essa mulher assim reproduzida? Amália não duvidava um instante que fosse Julieta, embora as figuras não lhe avivassem no espírito a lembrança vaga que tinha da primeira esposa de Hermano.

Mas o retrato de Julieta ali estava, suspenso à parede do toucador, em um grande quadro a óleo, que representava a moça em corpo inteiro. Pela data via-se que fora tirado um ano depois de seu casamento.

Entre a estátua e o retrato havia muita afinidade de expressão; mas nos traços e contornos das feições, a diferença era sensível. Poderiam ser duas irmãs; não eram, porém, a mesma pessoa.

Hermano amara então outra mulher depois de Julieta? Amália repelia essa conjetura, que repugnava com o culto do mando pela esposa a quem primeiro se ligara.

A caixa de carvalho com preparos de flores artificiais, tinha embutido na tampa o nome de Julieta. O lenço e as roupas das figuras de cera estavam marcadas com três iniciais J. S. A.; e da mesma forma o livro que Hermano lia à noite, um volume de *Spirite* de Teófilo Gautier.

A perturbação que a descoberta de tais particularidades lançou no espírito de Amália, cresceu com a leitura salteada de alguns trechos daquela obra fantástica. Uma luz sinistra, como a do relâmpago, feriu o seu pensamento; compreendia enfim!

O amor de Hermano era uma demência. Não fora uma mulher que ele havia adorado, e adorava ainda; mas um fantasma, um ente de sua imaginação. Esse ideal, ele o tinha encarnado em Julieta, desde o primeiro momento em que a vira.

Por que misteriosa relação se havia operado essa transfusão, ninguém o poderia explicar, senão por uma afinidade moral.

Morta Julieta, o ideal se tornara outra vez fantasia ou sonho, até que pela mesma ignota afinidade se encarnara de novo na imagem de painel do Veronese, Ester ou Suzana, como dissera o Teixeira, referindo a visita ao Louvre.

Estas figuras, pensava Amália, são a cópia daquela imagem, a que Hermano dera o nome de Julieta por ser o da primeira encarnação viva de seu ideal. Mas elas não tinham nada de comum com a morta senão essa misteriosa relação, que transparecia em uns longes da fisionomia.

Julieta não era formosa; e toda a sua graça estava unicamente na expressão. A mulher reproduzida em cera era uma beleza estatuária, que ofuscava inteiramente o retrato. Como pois tinha Hermano identificado essas duas imagens tão diversas?

Este fenômeno só podia explicar-se por um modo. Hermano não idolatrava a forma, embora a admirasse quando ela realizava a sua imaginação. O que ele amava era uma larva, um espírito, um duende de beleza imaterial, que transportara a princípio para uma mulher, depois para uma imagem e afinal para uma estátua.

Estes pensamentos trabalhavam na mente de Amália, quando recolhida a seu toucador, e atirada em uma poltrona baixa, ela cogitava sobre a cruel revelação que se fizera em sua consciência.

— Achou em mim alguma coisa que recordou Julieta ou antes seu ideal. Foi minha voz cantando a ária da Lucia que o atraiu; mas falta-me esse encanto, essa fascinação misteriosa que um momento supôs encontrar.

Lançando um olhar ao espelho, onde se refletiam as suas forma esplêndidas, ela suspirou:

— De que vale minha beleza? Ele não a vê, não a percebe. Julieta não era bonita. Seu retrato está muito parecido; agora recordo-me bem dela, de quando passeava no jardim. Entretanto ele a amou. Eu podia ser feia e muito feia; que também me amaria se eu fosse a mulher que ele criou em sua imaginação.

Mas por que não seria ela essa mulher?

Seu amor cheio de abnegação inspirou-lhe então uma resolução generosa. Sua existência, que já não tinha sedução nem fim ela a dedicaria à felicidade do homem a quem amava. Adivinharia o segredo dessa criação ideal da mente enferma de Hermano, e a realizaria em si.

Deus lhe daria forças para operar essa nova encarnação. Dominando então o espírito do marido, o restituiria à razão, ao mundo, ao verdadeiro amor; e seriam felizes.

Para isso era preciso, ela bem o compreendia, fazer um sacrifício de sua personalidade; sacrifício doloroso para as almas superiores, que têm uma individualidade, e que não podem a exemplo das outras almas de estalão, despir o seu eu, e receber como a cera o molde da vulgaridade.

Ser outro, negar-se a si mesmo, suprimir-se moralmente, não se pode imaginar mais terrível suplício para uma consciência altiva; e foi a este que Amália se condenou no intento de salvar o marido ou perder-se com ele.

Decerto, naquela moça travessa, risonha, incrédula e leviana, que antes enchia de sua alegria as salas e os divertimentos, ninguém pensara encontrar um ano depois a mulher dominada pela paixão mais sublime, e capaz de um heroísmo de amor raro na vida ordinária.

Semelhante aberração não era senão aparente. Aí nesse contraste manifestava-se o efeito de uma evolução psicológica muito natural. A insensibilidade de Amália fora apenas a infância prolongada de uma alma extremosa que só muito tarde conheceu a paixão.

Em vez de gastar-se nos ensaios precoces de amor, com que as meninas antecipam a adolescência, exaltando os perfumes de sua flor, Amália preservara o coração dessa babugem e quando amou foi com todas as energias e arrojos da mulher.

Este romance de Amália, a incompreensível encarnação do delírio de um cérebro enfermo, essa admirável intuição, é que me propus contar; e agora sinto que não o conseguirei.

Como descrever a paciente eliminação de uma aluna a despojar-se de sua individualidade para infundir em si o ser imaginário, filho de uma alucinação?

Hermano voltara da cidade. Encontrando-se com ele à hora do jantar, Amália notou a sua expressão esquiva e o olhar suspeitoso que lhe perscrutava a fisionomia. O Abreu sem dúvida contara que ela estivera no gabinete; e o marido receava-se dos efeitos dessa investigação.

O modo expansivo e natural com que o tratou a mulher, foi dissipando as suspeitas de Hermano, que por vezes mostrou um contentamento sincero.

Quando se levantaram da mesa, Amália, disse ao marido com meiguice:

— Eu tinha tanta vontade de conhecer Julieta!

Hermano disfarçou por delicadeza; mas insistindo a mulher e reiterando perguntas sobre as feições de Julieta, ele foi ao gabinete donde voltou com uma fotografia colorida. Era a mesma imagem do retrato a óleo.

— Como é bonita! exclamou Amália com um entusiasmo que o seu amor a obrigava a simular.

— Isso é apenas a sombra de sua beleza. Falta-lhe o olhar, o gesto, a voz.

— De que cor eram os olhos?

— A cor... Não sei; mas o olhar ainda o sinto; era como o seu agora, Amália.

A moça corou e as pálpebras rosadas vendaram os seus belos olhos cheios de luz.

Continuaram a conversar acerca de Julieta.

Mais tarde Hermano ficou distraído, absorto. Amália sabia agora o motivo. Eram os sintomas da alucinação que, em certa horas e ocasiões, desvairava o espírito do marido.

A moça foi sentar-se ao piano e abriu a ária do Fausto. Hermano lhe dissera um momento antes que era uma das peças favoritas de Julieta.

Ela cantou; e o marido que já se tinha retirado, veio sentar-se outra vez a seu lado, e ficou ali preso a sua voz.

À última nota ele estremeceu e partiu. Esse canto era de Julieta que o chamava.

XIX

Caía a tarde.

Amália e Hermano sentados no jardim, contemplavam em silêncio as esplêndidas decorações, que os arrebóis desfraldavam no horizonte sobre as encostas da montanha.

A moça afinal curvou a fronte e cerrando a meio os cílios para concentrar-se disse ao marido:

— Ainda havia neste mundo uma felicidade para mim, Hermano: e essa não lhe custaria o menor sacrifício.

O olhar do mando interrogou-a; ela respondeu com a voz súplice:

— Não me pode dar o seu amor; bem o sei, e não o exijo; mas a sua amizade, sua confiança, por que motivo a recusa a quem não tem outro pensamento senão a sua felicidade? Não lhe mereço nem esta prova de estima?

Hermano quis interrompê-la; ela não consentiu:

— Não poderíamos viver como dois irmãos que se querem, e se amparam mutuamente nas suas tristezas e infortúnios? Por que há de ter segredos para mim que nada lhe oculto do que se passa em minha alma? Cuida que tenho ciúmes de Julieta? Engana-se.

Vendo pintar-se a dúvida no semblante do marido, Amália apressou-se em desvanecê-la:

— Quer uma prova? Estive ontem no toucador de Julieta e entretanto, quando voltou da cidade, ainda achou-me nesta casa, onde me conservo. Se eu não o amasse e a ela também, com amor de irmã, sofreria essa preferência, que era uma humilhação cruel para a esposa?

Desde esse momento, Hermano não teve mais segredos para Amália; e esta, durante as suas longas confidências pôde ler nas recordações do marido como nas páginas de um livro inédito, toda a história do homem a quem se unira.

Hermano contou-lhe uma e muitas vezes as menores circunstâncias de sua vida com Julieta. As impressões nessa alma opulenta eram profundas. A efígie da mulher amada ficara ali fundida como uma estátua ideal.

Amália passava as horas nos aposentos, que tinham pertencido, e ainda pertenciam, à sua rival. Aí coligia todos os traços, todos os vestígios, deixados pela pessoa que os habitara e com esses indícios esforçava-se em recompor a mulher que ela não conhecera, e que mal vira de longe com olhos de criança.

Ao cabo de uma semana, sabia os gostos de Julieta, os seus perfumes prediletos, os moldes de que ela mais gostava, as cores de seu agrado, as músicas favoritas; todas essas simpatias que formam a originalidade de um caráter.

Amália tinha o mesmo corpo de Julieta com alguma diferença das formas que nela eram mais ricas e harmoniosas. Vencendo a repugnância que a principio sentira, a moca chegou a trajar-se completamente com as roupas e enfeites da morta.

Pensava acaso que esses objetos lhe transmitiriam pelo contato alguma coisa da pessoa a quem haviam servido: ou buscava apenas criar uma semelhança que favorecesse a ilusão de Hermano?

Ela própria não sabia que tenção era a sua. Não calculava: cedia à influência de um desejo intenso. Queria ser a mulher que Hermano amava, como Julieta fora antes dela.

Nos livros que achou na pequena estante do toucador, também Amália colheu muitas ideias, de que se apropriou para imitar o misticismo do original que ela se propunha copiar.

Um dia disse a Hermano:

— Eu acredito que Julieta me quer bem. Quando estou aqui, no seu quarto, tenho um contentamento, como se estivesse em sua companhia. As vezes parece que ela me abraça.

Outro dia, no meio de uns idealismos romanescos, teve esta inspiração:

— O amor uniu a alma de Julieta à sua, Hermano. Por que não poderá unir da mesma forma a alma dela à minha, que também o ama?

A transformação de Amália já era tão perfeita, que enganava Hermano e até o Abreu, sobretudo quando ela disfarçava com uma renda preta os seus lindos cabelos louros, ou mesmo tingia com algum cosmético.

O velho criado habituou-se a ver nela a imagem de Julieta, e desde então envolveu-a na afeição que votara à sua filha de criação. Estimou-a, como se estima um retrato de pessoa a quem se quer.

Quanto a Hermano, tinha momentos de completa ilusão, em que supunha se transportado aos tempos de seu primeiro casamento. Apagava-se então de sua memória todo o tempo que vivera depois da morte de Julieta e ele era feliz como se ainda tivesse a seu lado a mulher a quem amava.

De repente, porém, uma circunstância qualquer, um incidente mínimo, que Amália não percebia, talvez um volver dos olhos, uma inflexão de gesto, o contato das mãos, rompia o encanto; e ele recuava como o homem que vê abrir-se por diante um abismo.

Fugia então; e ia abrigar-se daquela sedução no quarto de Julieta, perto da estátua, que para ele representava o despojo material da alma de sua primeira mulher.

Amália recomeçava então com a mesma energia e perseverança aquela indução paciente, que terminava em decepção. Crescia-lhe a esperança, porque a sua fascinação aumentava a cada instante; ela não podia duvidar. Hermano resistia ainda; mas chegaria o momento, em que se deixaria vencer, e então ele lhe pertenceria e seriam felizes.

Se adivinhasse o efeito que essa luta produzia no animo do marido, e o extremo a que o arrastava, ela decerto a abandonaria, cheia de horror.

Com efeito Hermano, quando libertava-se da fascinação que Amália exercia sobre ele, enchia-se de pavor pelo perigo que o ameaçara. Estivera a ponto de cometer esse crime que era para ele o mais indigno por ser o roubo da honra e da vida.

Via-se já réu de um adultério infame!

Ter enganado a moça a quem se unira em segundas núpcias sacrificando a sua felicidade, que ele não podia dar-lhe, era já uma vilania de que se envergonhava, e da qual decidira resgatar-se com a morte. Que nome teria essa indignidade, se a agravasse com a mácula da virgem pura e ingênua que se confiava de sua lealdade?

Era preciso, ele o sentia, pôr um termo a esta situação, e salvar-se de um perjúrio atroz que o condenaria à eterna separação de Julieta Mas tinha de esperar não podia dispor de sua vida antes de oito dias.

Quanto lhe custou a passar esta última semana!

Na ocasião em que cegamente apaixonado por Amália, decidiu pedi-la em casamento, Hermano refletiu sobre o destino que devia dar às relíquias da primeira mulher. Não podia guardá-las como tinha feito até ali, porque seria isto uma infidelidade à esposa atual; não se animava, porém, a abandonar e como que expelir de si essas imagens e objetos, tão impregnados de sua vida, que faziam parte dela. Seria mutilar-se moralmente.

Tomou uma resolução que pudesse conciliar tais escrúpulos. Reuniu naqueles dois aposentos de Julieta tudo que lhe pertencera e fechou-os como se fossem a sepultura onde jazia a alma da primeira mulher. Quanto à outra sepultura, onde jaziam as cinzas, dessa não se lembrava, nem a conhecia: era um pouco de pó.

Depois, quando na própria noite do casamento o indefinível terror de um adultério fantástico apoderou-se de seu espírito enfermo, ele refugiou-se nos aposentos de Julieta, encerrou-se ali naquele túmulo, onde encontrava o sossego e a ressurreição do passado.

Agora, porém, já não tinha esse refúgio já não podia transpor os umbrais da eternidade para encontrar-se com Julieta e amá-la. Até ali, nesse mesmo santuário, onde guardara todas as relíquias da morta, até ali o perseguia a formosa imagem de Amália.

Sentia a tépida fragrância que a moça deixara na sua passagem, e que derramava um sopro de vida nesses objetos frios e abandonados. O toque de outras mãos animara aquela solidão e as mesmas estátuas de cera pareciam influir-se de outra alma mais ardente, mais apaixonada do que a de Julieta.

Assim, quando Hermano corria a abrigar-se aí da sedução de uma Amália parecida com Julieta, ele já não encontrava a mulher de outros tempos, mas sim uma nova Julieta semelhante a Amália e mais formosa que a primeira.

Quantas vezes não voltou buscando essa visão encantadora! Mas já não a via; Amália tinha-se feito Julieta; aquela esplêndida beleza de outrora se eclipsara.

Se em um desses momentos, a formosa criatura se mostrasse qual era, em seu fulgor, Hermano teria sucumbido; e talvez aquela insana obsessão que o afligia se dissipasse para sempre.

Mas a coincidência não se deu; e afinal chegou a época em que Hermano julgou-se livre de dispor de sua vida. Só faltava a ocasião esta não tardou.

Havia um baile no dia seguinte. Amália a princípio repugnou ir, por fim cedeu às instâncias do marido. Seu traje era copiado de um que achara no guarda-roupa de Julieta, um vestido de tule com sombra e laivos escarlates.

Estava encantadora, mas sentia-se inquieta e nervosa. Durante a dança não tirava os olhos de Hermano, e a cada instante chamava-o para perto de si.

De repente perdeu-o de vista. Acabada a quadrilha, ansiosa perguntou por ele a D. Felícia.

— Ah!... Esqueceu a carteira e um amigo convidou-o a jogar. Foi a casa não tarda Pediu-me que te prevenisse.

D. Felícia voltando à conversa que interrompera para dizer rapidamente estas palavras, não viu a palidez da filha.

Amália dominou o tenor que a invadira, dirigiu-se ao toucador, envolveu-se na capa e desceu as escadas apressadamente. No patamar encontrou o lacaio e mandou chegar o carro.

— Para casa! Depressa!... disse atirando-se sobre as almofadas do cupê.

Depois, enquanto os cavalos trotavam pela calçada da Glória, ela travando as mãos convulsivamente, murmurava:

— Chegarei a tempo, meu Deus?

XX

Amália tinha razão de assustar-se.

Hermano deixara o baile, decidido a realizar a sua ideia fatal. Contava que o pretexto do esquecimento da carteira lhe daria uma hora de liberdade, e tanto bastava para consumar o plano medonho que havia concebido.

Ele prometera à mulher e a si mesmo jurara, dar à sua morte aparências de acidente, de desastre casual. Escolhera o incêndio. Sempre fora sectário da cremação. O corpo abandonado da alma era para ele matéria em corrupção; o fogo a purificava e consumindo imediatamente a forma humana, evitava a sua profanação, pois outro nome não têm certas cerimônias fúnebres.

Mas o seguro de sua casa não estava findo; e a consciência não lhe permitia fraudar os seguradores com a indenização que teriam de pagar a seus herdeiros pelo dano do incêndio. Por isso foi obrigado a adiar o seu projeto. O termo da apólice tinha expirado na véspera; estava livre enfim.

Ao sair do baile, tomou um tílburi que o levou a casa. O portão estava cerrado apenas, e o Abreu, que fumava sentado na escada, veio ao seu encontro, admirado de não ver a senhora.

— Esqueci a minha carteira e vim buscá-la para pagar uma divida de jogo mas sinto-me tão fatigado que não tenho animo de voltar ao baile vou escrever um bilhete à senhora.

Deste modo afastou o velho criado cuja vigilância temia que pudesse frustrar o plano. No bilhete que por ele enviara à mulher, depois de escusar-se de ter saído do baile e de não ir buscá-la, rematava com estas palavras:

"Agora, Amália, é que eu conheço quanto a amo; pois esta curta ausência de alguns instantes parece-me uma separação eterna."

Ficando só, Hermano trancou-se no toucador de Julieta. Depois de fechar as portas e janelas abriu os bicos de gás, e sentou-se em face da figura de cera. O aposento era apenas esclarecido pela vela do castiçal colocado sobre a mesa.

Acreditava aquele visionário que era bastante a vontade de reunir-se a Julieta para que sua alma deixasse este mundo e se restituísse à sua metade. Nessa convicção, havia jurado a Amália não matar-se; e tinha consciência de respeitar o seu juramento.

Quando o gás que se exalava dos bicos abertos, se fosse condensando no aposento quase hermeticamente fechado, e afinal se inflamasse à luz da vela produzindo uma explosão, o incêndio o acharia morto já, e não serviria senão para destruir o seu despojo e as relíquias de Julieta, que não devia abandonar à alheia profanação.

Ele e tudo quanto amara não seriam mais do que cinzas, dispersas pelo vento; e no dia seguinte ninguém suspeitaria da verdade. Um incêndio é fato comezinho e tão frequente!

Em cima da mesa estava uma fotografia em ponto grande, cuja moldura inclinada em estante mostrava um lindo retrato. Amália o havia tirado poucos dias antes; e naquela tarde, aproveitando-se de uma ausência do marido, o colocara ali para fazer-lhe uma surpresa.

Esse retrato não era a imagem fiel da beleza radiante de Amália, mas a cópia da transformação que sofrera a moça depois de seu casamento, e especialmente nos últimos dias. Assim como o louro brilhante de seus cabelos se ofuscara na sombra de uma renda preta, também os fulgores dos grandes olhos, e o sorriso cheio de graça, eram amortecidos por uma doce melancolia. Parecia que um véu de timidez apagara-lhe a formosura cintilante.

A luz da vela dava de chapa sobre a fotografia. Hermano olhou e viu pela primeira vez o retrato. Reconheceu o vulto, a atitude, o gesto, as roupas, as joias e uns matizes indefiníveis que só ele talvez percebesse. Era Julieta; mas através da sombra de Julieta, ao longe, como uma estrela imersa no azul surgia a imagem luminosa de Amália.

Foi então que esse cérebro já tão exaltado precipitou-se na derradeira e mais violenta das alucinações que o tinham abalado. As duas mulheres que Hermano havia amado neste mundo, erguiam-se em sua alma, como duas soberanas em campo de batalha, para disputarem o seu despojo.

Quando já a consciência da realidade o ia abandonando, ouviu rumor na casa e teve um rápido momento lúcido para recear que o viessem perturbar na consumação de sua ideia sinistra. Ergueu-se e saiu fora, lembrando-se de fechar a porta, para que não se escapasse o gás, já condensado no aposento.

Foi mesmo às escuras trancar a comunicação para o fundo da casa onde estavam os criados, e livre do receio, caiu de novo no delírio, que o havia acometido, e no qual se apagaram os últimos lumes da razão.

Nos raptos da imaginação, viu outra vez as duas esposas, a quem havia jurado fidelidade. Às vezes, elas se aproximavam, perto, muito perto, uniam-se estreitamente, e fundiam-se numa só massa vaporosa, donde surgia afinal essa mulher dúplice, essa Julieta-Amália, que estava pintada no retrato.

Pouco depois a imagem da esposa gêmea também por sua vez apagava-se em uma sombra indecisa, da qual se destacavam as duas moças, cada uma no seu tipo distinto; Julieta com a esquisita elegância, que vestia de uma graça divina a sua figura apenas regular e Amália com a deslumbrante beleza, que materializava a sua alma, vazando-a em formas esplêndidas.

Em face uma da outra Amália triunfava. Ela era a aurora; e sua rival o crepúsculo suave e encantador. Assim Julieta timidamente, envolta no seu perfume de modéstia, afastava-se; e a sombra gentil e melancólica ia-se desvanecendo até esvair-se no fulgor que derramava a formosura da rival.

Foi então que Hermano sentiu uma dor agudíssima, como se lhe arrancassem vivo o coração. Arrojou-se com todo o ímpeto de seu amor para chamar a esposa, que se separava dele pela eternidade. Era ela a primeira amada, e nesse momento a única. A ela devia pertencer exclusivamente por isso iam unir-se outra vez; a morte que os tinha apartado não tardaria em ligá-los de novo, revertendo-os um ao outro.

— Julieta! exclamou ele em um grito de ânsia.

A esposa o tinha ouvido ali. Ali estava ela a seu lado. A luz desaparecera e os seus raios se haviam transformado em estrelas. Foi ao trêmulo dessa luz celeste que ele divisou a sombra amada. Ela trazia o seu traje favorito de baile, o mesmo com que a viu da primeira vez.

Julieta lhe cingira o colo com o braço e ele sentia o doce contato do talhe gentil na sua espádua e no seu flanco. Depois a voz terna e queixosa da esposa murmurou-lhe ao ouvido como um arpejo:

— Ingrato!....

— Perdão, Julieta, perdão! confesso que Amália me fascinou; mas o que eu amei nela foi unicamente a tua lembrança, a tua alma que às vezes eu ouvia em seus lábios, e via em seus olhos. O que era ela, e só ela, a sua beleza, essa eu a admirava mas enchia-me de terror. Resistia à tentação, refugiando-me em teu amor; e se tu não me amparasses, teria sucumbido! Salvei-me, preservei minha alma; ela está pura como a deixaste, e vai reunir-se à tua pela eternidade. Eis o momento. Recebe-me em teu seio; não me deixes mais um instante neste mundo, pois aqui mesmo, perto de ti, próximo a infundir-me no teu ser, eu a vejo, eu a sinto, a ela, a Amália: e tenho medo que venha arrebatar-me de ti, e separar-nos para sempre.

A voz de Julieta murmurava-lhe então ao ouvido:

— Não tenhas este receio, meu Hermano. Queres saber por que tu vês Amália, em mim, em tua Julieta? É porque ela te ama como eu te amei, com igual paixão. Ela e eu não somos senão a mesma e única mulher que tu sonhaste. Podes dar-te a ela: é como se te desses novamente a mim. Vi que estavas triste e só no mundo; que a minha lembrança não te bastava; e então revivi em Amália, transmiti-lhe minh' alma para que fosse tua esposa; para que tu me adorasses em uma imagem viva, que te retribuísse, e não em uma estátua de cera.

— Embora; estou cansado de viver; quero reunir-me a ti, em espírito, desprendendo-me dessa materialidade impura, que pode subjugar a alma, e arrastá-la ao crime. Amália é minha esposa perante os homens; e desde que nela está a alma de minha Julieta, ela é também minha esposa perante Deus; poderei pertencer-lhe legitimamente, porque te pertenceria a ti; mas essa poderosa sedução de sua beleza, se eu a sofresse de outra mulher?.. Não passaria de novo pelo martírio que me atormentou?... Melhor é nos reunirmos no céu; recolhe a alma que deste a Amália, e leva-nos com ela.

A voz melodiosa suspirou outra vez:

— Queres morrer, meu Hermano? Queres deixar o mundo? Pois bem, dá-me tua alma: deixa-me absorvê-la na minha, e confundi-las que não formem senão uma só. Então abandonaremos a terra e iremos esconder-nos no seio de Deus, que nos criou.

Então Hermano sentiu uns lábios que se embebiam nos seus e hauriam-lhe a vida. Esse beijo ideal foi como a inalação do espírito que animara o seu corpo e que absorvido por Julieta, o desamparou. Desde esse momento ele não foi mais do que uma múmia.

E assim, como um corpo ermo de vontade e pensamento, seguiu Julieta, ou melhor diria, a alma gêmea em que se tinham condensado a sua e a da esposa. Atravessaram uma série de anos; eram os de sua existência, cujo curso haviam remontado, e agora de novo repassam. Todas as fases de sua história, ele as reviveu com uma mulher que não era nem Julieta, nem Amália mas as duas vazadas em um só molde.

O passado e o presente se travavam e confundiam. O seu primeiro casamento que fora de manhã, e o segundo que celebrara à noite; as noivas, de tipos diversos; aqueles dois toucadores, um azul e branco, e outro rosa e ouro; todas essas coisas se haviam identificado.

A mulher que ele amara tinha a beleza de Amália e a alma de Julieta. Com essa mulher percorreu toda a sua vida até aquele momento em que resolvera deixar o mundo para consumar o consórcio da eternidade.

Uma nuvem branca e nítida vendava-lhe o céu. Ali estava um objeto cuja forma não distinguia; parecia-lhe um altar; uma pira, onde o fogo ia consumir-lhe o corpo, depurando a alma e preparando-a para a bem-aventurança.

Ele estava só; junto dele não havia outro corpo, mas uma essência divina, em que se imergia; um resplendor que se condensava em formas voluptuosas para envolvê-lo de luz. As chamas dessa luz o abrasavam, mas com uma lava doce e inebriante, que lhe acrisolava o ser. Enfim ele sentiu que sua alma desprendendo-se das cinzas, remontava ao céu.

Nesse momento D. Felícia que voltava do baile com o marido soltou um grito de terror vendo o grande clarão que avermelhava o horizonte.

Um incêndio violento devorava a casa de Hermano.

XXI

Cinco anos permaneceram em abandono as ruínas da casa incendiada. Um ilhéu que alugara a horta para negócio, tratava da chácara.

Já se tinha desvanecido a lembrança do sinistro, quando uma manhã, cerca de onze horas, parou ao portão uma vitória descoberta, conduzindo pessoas com o aspecto muito conhecido de viajantes que desembarcam.

O assento principal era ocupado por uma senhora de rara formosura, trajada com elegância, e por um homem de parecer distinto, ainda moço apesar dos fios de prata que matizavam os seus cabelos negros.

Em frente a eles ficava uma gentil menina de quatro anos, na qual reproduzia-se como em uma miniatura a beleza da senhora, porém, com certo contraste de fisionomia. Tinha as feições da mãe, os mesmos traços, a mesma expressão; mas os cabelos e os olhos eram castanhos, e não louros.

Um criado velho, que vinha ao lado do cocheiro saltara do carro e abrira o portão, enquanto o cavalheiro apeava-se com a família.

— Espera-nos aqui, Abreu, disse a senhora entregando a filha ao criado, e não deixe Julieta apanhar sol.

Tomando então o braço do marido, seguiu pelo passeio gramado da chácara na direção das ruínas que apareciam por entre as árvores e indicavam o lugar onde fora a casa.

O incêndio desmoronando o teto e consumindo todo o madeiramento, deixara em pé as paredes do edifício de modo que de fora via-se como um esqueleto a antiga habitação com seus aposentos e divisões.

— Lembras-te, Hermano? perguntou a senhora fitando no marido seus grandes olhos cheios de luz.

— De tudo, Amália, respondeu simplesmente o marido.

Como para confirmar a sua asseveração, Hermano começou a recordar as reminiscências dos dias que ali vivera com Amália, apontando os menores incidentes e os lugares da casa em que tinham ocorrido.

Amália respirou do soçobro em que trazia a alma e que debalde tentava abafar. A casa, que a memória de Julieta enchia antigamente, agora não era mais povoada senão de sua lembrança.

Daí passaram à chácara e percorreram os sítios, em que tão viva era para Hermano a presença de sua primeira mulher. Essas recordações primitivas tinham sido apagadas pelas outras recordações mais recentes de seu amor por Amália.

Outrora o passado surgia com tanto vigor na vida desse homem que anulava o presente. Agora era o presente que reagia de modo a substituir-se ao passado. Hermano não se lembrava de ter amado nunca outra mulher senão a sua Amália e identificava tão completamente as duas esposas, que Julieta já não era para ele senão um primeiro nome daquela a quem se unira para sempre.

Afinal sentaram-se para descansar, em um sombrio formado pela copa de uma mangueira frondosa, donde pendiam ramas de maracujá.

Hermano recolheu-se, como para penetrar mais profundamente em suas recordações, e murmurou:

— Não me lembro do incêndio!

Amália conchegou se, e apoiando o rosto na espádua do marido começou a sussurrar-lhe ao ouvido, cobrindo a face com a mão para esconder o rubor:

— Tu me deixaste no baile... Eu tive um pressentimento cruel e corri... Felizmente ainda encontrei-te; estavas na sala em pé. Foi talvez o rumor de meus passos que te perturbou. Eu prendi-te nos meus braços com receio que me fugisses. Tu me contaste tudo. Querias morrer para não ser infiel a Julieta e tinhas preparado o incêndio que devia consumir o teu corpo, e a imagem daquela que tu amavas. Eu também devia morrer, e consumir-me contigo. Foi então que nossos lábios se tocaram. Tu me pertencias, e eu salvei-te para o meu amor. Era preciso arrancar-te desta casa; quando partimos, sem que nos vissem deixei nela o incêndio que a devorou Depois partimos para a Europa e....

— E eu renasci para a felicidade, disse Hermano, cingindo a loura cabeça da moça e pousando-lhe um beijo na face.

— Esta manhã, vendo ao longe, de bordo do vapor, a praia de Botafogo, tive medo, e por isso trouxe-te aqui apenas desembarcamos. Se estes lugares ainda conservassem para ti alguma sombra do passado, partiríamos hoje mesmo para Montevidéu, para qualquer parte do mundo, onde a tua felicidade não corresse perigo Mas estou tranquila; podemos reconstruir a nossa casa e viver aqui, onde nasceu o nosso amor.

— De tudo isto só uma coisa não compreendo, disse Hermano.

— O quê? perguntou Amália assustada.

— Fica tranquila; a alucinação passou; tenho a razão inteiramente livre. O que não compreendo é como sendo tu e Julieta tão diferentes uma da outra, têm aos meus olhos uma semelhança tão grande, que parecem a mesma.

Nesse momento as folhas rumorejaram.

A menina que estava impaciente pela mãe, iludira a vigilância do velho criado e correra para Amália cujo vestido descobrira através da folhagem.

— Olha! disse a moça apresentando ao marido o rostinho gracioso da filha.

— É verdade!

FIM

Este livro foi composto com a tipografia Times New Roman
e impresso pela Meta Brasil.